선생님이 들려주는 언어 이야기

선생님이 들려주는

언어 이야기

이승왕 지음

한국문화사

선생님이 들려주는
언어 이야기

1판 1쇄 발행 2022년 1월 3일
1판 2쇄 발행 2024년 6월 10일

지 은 이 | 이승왕
펴 낸 이 | 김진수
펴 낸 곳 | 한국문화사
등 록 | 제1994-9호
주 소 | 서울시 성동구 아차산로49, 404호(성수동1가, 서울숲코오롱디지털타워3차)
전 화 | 02-464-7708
팩 스 | 02-499-0846
이 메 일 | hkm7708@daum.net
홈페이지 | http://hph.co.kr

ISBN 979-11-6685-062-2 73700

오류를 발견하셨다면 이메일이나 홈페이지를 통해 제보해주세요.
소중한 의견을 모아 더 좋은 책을 만들겠습니다.

머리말

우리는 일상생활에서 듣고, 말하고, 읽고, 쓰면서 자신의 생각과 느낌을 전달합니다. 다른 사람과 자연스럽게 의사소통을 하기 위해서는 반드시 언어가 필요한 것이죠. 만약 언어가 없다면 우리는 어떻게 될까요? 사람은 태어나서 성장하는 과정에서 자연스럽게 언어 능력을 습득하게 되고, 이것을 토대로 다양한 창의력을 발휘하게 됩니다. 우리가 인식하지 않더라도 언어는 우리의 삶에서 대단히 중요한 존재라는 것을 알 수 있습니다.

언어란 무엇일까요? 우리는 오랫동안 국어 공부를 하게 될 뿐만 아니라 영어와 같은 외국어도 공부하게 됩니다. 그렇지만 언어가 무엇인지 설명하는 것은 간단하지 않습니다. 언어와 관련된 공부는 크게 세 가지로 나눌 수 있습니다. 첫째는 언어를 공부하는 것입니다. 이것은 듣기, 말하기, 읽기, 쓰기와 같은 표현·이해에 대한 영역을 말합니다. 둘째는 언어에 대하여 공부하는 것입니다. 이것은 문법과 같이 언어에 대한 원리와 규칙에 초점을 두고 공부하는 영역을 말합니다. 셋째는 언어를 통하여 공부하는 것입니다. 언어는 일상적인 의사소통뿐만 아니라 공부를 하는 데에도 중요한 도구가 됩니다. 곧 모든 공부는 언어와 직·간접적으로 관련이 되어 있다고 할 수 있습니다. 우리는 이 세 가지의 언어적 특성을 기반으로 의사소통도 하고 공부도 하게 되는 것이죠.

'언어 능력이 학습 능력이다.'라는 말이 있습니다. 미래 사회를 살아가기 위한 우리 아이들의 핵심 역량 대부분이 언어 능력과 밀접한 관련이 있다는 것을 생각해보면, 언어 능력은 학습 능력이자 미래 사회를 위한 핵심 역량이라 할 수 있습니다. 사실 언어는 대단히 복잡하고 정교한 존재입니다. 그렇기 때문에 단편적인 공부만으로는 언어에 대하여 바르게 이해하는 것이 쉽지 않습니다. 언어가 무엇인지 그리고 그것과 우리의 삶은 어떤 관련이 있는지 천천히 생각해보면서 책을 읽어간다면 우리 아이들의 미래 사회 핵심 역량이 길러질 수 있을 것입니다. 곧 언어에 대한 원리와 규칙을 잘 이해하고 잘 사용할 수 있다면 어떤 문제가 나와도 쉽게 해결할 수 있는 것이죠. 또한 새로운 것을 떠올리고 구체화할 수 있는 창의력도 동시에 높아질 수 있습니다.

기본 개념부터 창의력까지 바르게 성장하는 어린이가 되기 위해서는 언어에 대한 기초 소양을 쌓고 조금씩 텍스트를 읽어갈 수 있는 연습을 통해 공부 체력을 길러야 합니다. 특히, 공부를 잘하고 싶고, 친구를 잘 사귀고 싶은 어린이라면 언어에 대하여 관심을 기울일 필요가 있습니다. 오랫동안 국어 교육에 대하여 공부하고 연구하고 적용하는 과정을 거치면서 좀 더 쉽게 언어에 대한 이야기를 들려줄 수 없을까 생각해보았습니다.

이 책에서는 언어란 무엇인지 그리고 그것의 특성은 어떠한지에 대하여 먼저 알아보고, 인류와 언어의 관계에 대하여 탐구해볼까 합니다. 그리고 우리의 성장과 언어 발달의 관계, 언어와 의사소통의 실제적인 부분에 이르기까지 여러분들이 궁금해할 수 있는 내용을 들려드리고자 합니다.

2022년 1월

이승왕

차례

PART 1 언어란 무엇일까?

PART 2 인류의 생존과 언어

PART 3 성장과 언어 발달

PART 4 언어와 의사소통

PART 1

언어란 무엇일까?

언어란 무엇일까요?

언어란 무엇일까요? 언어는 우리가 일상생활에서 늘 사용하는 것이죠? 학교에서도 국어, 영어, 일본어 등 여러 나라의 언어를 공부하고 있어요. 이 중에서 국어는 우리나라의 말을 뜻하는데요. 외국에서는 '한국에서 사용하는 말'이라고 해서 '한국어'라고 한답니다. 이처럼 국어는 우리나라에서 사용하는 말인 한국어이고, 영어는 미국, 영국, 호주 등에서 사용하는 언어예요. 그렇다면 우리가 언어를 배우는 이유는 무엇일까요? 네, 맞아요. 부모님, 친구, 선생님 등 다른 사람과 자신의 생각을 효과적으로 주고받을 수 있기 때문이에요. 우리가 열심히 공부하는 '언어'의 뜻을 잘 알면 좀 더 쉽게 배울 수 있습니다. 그렇다면 '언어'라는 낱말에는 어떤 뜻이 있을까요? 언어에 대해서 잘 알고 있는 사람도 '언어는 무엇입니다.'라고 말하기는 쉽지 않은 것 같아요. 왜냐하면 '언어'라는 낱말에는 여러 가지 뜻이 들어 있기 때문이에요.

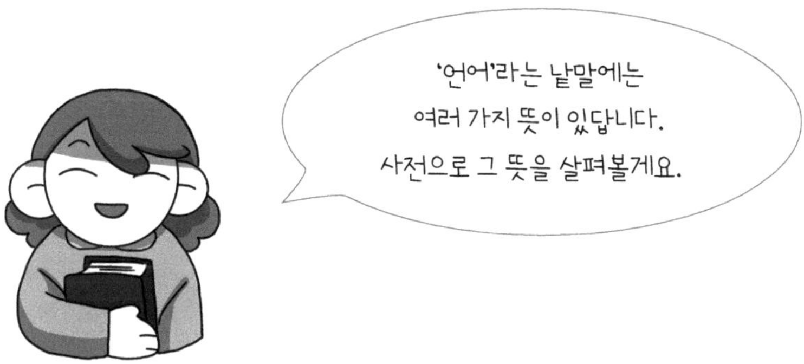

국어사전에는 '언어'라는 낱말의 뜻을 다음과 같이 풀이하고 있어요.

〈표준국어대사전〉

언어(言語)「명사」

생각, 느낌 따위를 나타내거나 전달하는 데에 쓰는 음성, 문자 따위의 수단. 또는 그 음성이나 문자 따위의 사회 관습적인 체계.

'생각, 느낌 따위를 나타내거나'

→ 언어는 '생각'과 '느낌' 등을 드러내는 데 사용한다는 것을 알 수 있어요.

'음성, 문자 따위의 수단'

→ 언어는 '음성언어'와 '문자언어'로 나눌 수 있어요.

'사회 관습적인 체계'

→ 사회적으로 한 '약속'이며, 오랫동안 사용한 틀이나 규칙이 있어요.

글자 두 개로 나타낼 수 있는 낱말인 '언어'에 이렇게 긴 뜻이 있다니 조금은 놀랍죠? 이처럼 언어는 우리가 살아가는 데 대단히 중요한 존재라는 것을 알 수 있어요.

우리가 사용하는 언어는 무엇일까요?

우리나라 사람들이 사용하는 언어를 국어라고 하죠? 수업 시간에 '국어'라는 교과목이 있는데, 이 시간에는 듣기, 말하기, 읽기, 쓰기, 문법, 문학에 대하여 공부를 하게 됩니다. **국어(國語)**는 '나라의 말'을 나타내는 낱말로, 제주도, 울릉도를 포함한 한반도 전역과 부속 도서 지역에서 사용하는 우리말을 뜻합니다.

우리 언어인 국어는 사용하는 지역이나 사람들에 따라서 '조선어' 또는 '고려어'라고도 하는데요. 이것은 중국, 일본, 러시아 등 다른 나라에 사는 한국 사람들이 사용하는 언어를 가리키는 말이랍니다. 예를 들어 러시아, 우즈베키스탄, 카자흐스탄 등과 같은 나라에 사는 한국인의 후예 또는 동포를 '고려인'이라고 부르는데, 이 사람들이 사용하는 한국어를 '고려어'라고 하는 것이죠.

러시아(구 소련) 관리 강제 이주 조선 사람들

일제 강점기 시절 한반도의 북쪽인 만주와 연해주에 있던 한국 사람들이 러시아(구 소련)의 강제 이주 정책으로 인하여 러시아, 우즈베키스탄, 카자흐스탄 등의 지역에 살게 된 것이랍니다.

조선어는 주로 일제 강점기 시절의 국어를 일컫는 말이었는데요. 지금은 만주 지역이나 북한에서 사용하는 말을 일컫기도 해요. 한글학회의 옛 이름도 조선어학회였답니다.

한글학회

한글학회는 1908년 주시경, 김정진 등의 지식인들이 우리나라의 주권을 지키고, 우리의 말과 글을 널리 알리고자 세운 민간학술 단체랍니다. 국어연구학회, 조선어연구회, 조선어학회, 한글학회로 이름이 바뀌었지만 일제 강점기 시절에 민족정신을 일깨우는 데 중요한 역할을 하였답니다. 이처럼 우리의 말과 글이 사라지지 않도록 오랫동안 노력한 결과로 지금의 우리나라가 있다고 할 수 있습니다.

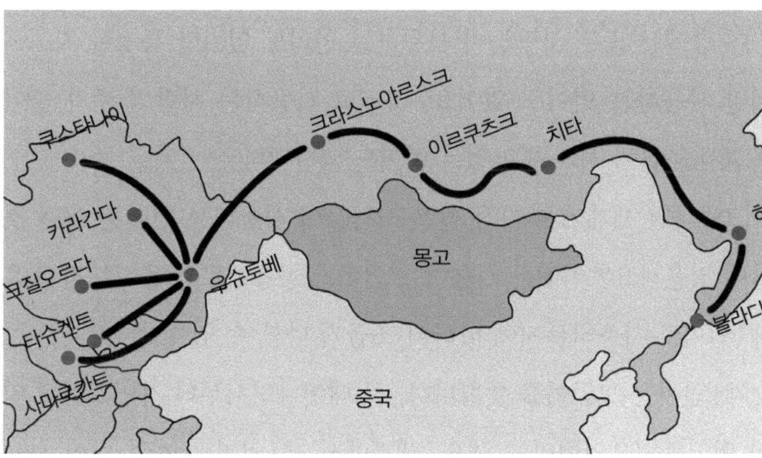

러시아(구 소련) 정부는 한국 사람들을 화물 열차에 태워서 강제로 이주시켰는데요. 이 과정에서 많은 사람들이 목숨을 잃었습니다.

다른 나라에서 사용하는 언어는 무엇일까요?

전 세계에는 여러 종류의 언어가 있어요. 언어를 어떻게 분류하는가에 따라서 달라질 수 있지만 대략 3,000~7,000종에 이르는 언어가 있다고 알려져 있어요.

이 중에는 많은 사람들이 사용하는 언어도 있지만 특정한 지역에서만 사용하는 언어도 있어요. 그리고 사용하는 사람의 수가 줄어들면서 조금씩 사라지고 있는 언어도 있답니다.

그렇다면 세계에서 가장 많은 사람들이 사용하는 언어는 어떤 것들이 있을까요? 이것은 사용하는 언어가 공용어로 사용하는지 혹은 제1언어로 사용하는지에 따라서 조금씩 다를 수 있습니다.

제1언어는 모국어를 뜻합니다. 곧 태어나면서부터 자연스럽게 익힌 언어를 제1언어라고 해요. 세계에서 제1언어로 가장 많이 사용하고 있는 언어는 바로 중국어랍니다. 중국의 인구가 14억이 넘는 것만 봐도 쉽게 알 수 있겠죠? 그 다음 제1언어로 많이 사용하는 언어는 스페인어입니다. 스페인어는 유럽에 위치한 스페인 이외에도 칠레, 쿠바, 콜롬비아, 에콰도르, 멕시코, 아르헨티나 등의 중남미 국가에서도 사용하고 있답니다.

세 번째는 바로 영어입니다. 사실 영어는 세계 여러 나라에서 공용어로 많이 사용하고 있는 언어인데요. 영국, 미국, 캐나다, 호주, 뉴질랜드 등이 제1언어로 사용하고 있는 대표적인 나라입니다.

그밖에도 인도에서 사용하고 있는 힌디어와 중앙아시아에서 사용하는 아랍어, 포르투갈에서 사용하는 포르투갈어 등이 전 세계적으로 많이 사용하는 언어로 알려져 있답니다.

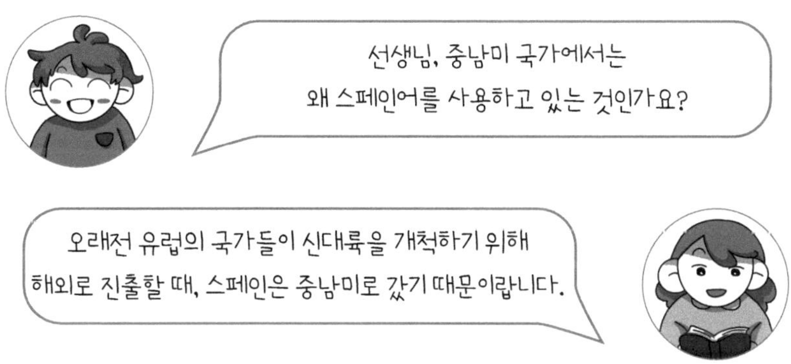

우리 언어인 한국어를 사용하는 사람들은 주로 한반도에 있지만 해외에서 제1언어로 사용하는 사람들도 있답니다. 한국어를 사용하는 사람들의 수는 대략 8,000만 명 정도 된다는 것으로 추정하고 있습니다.

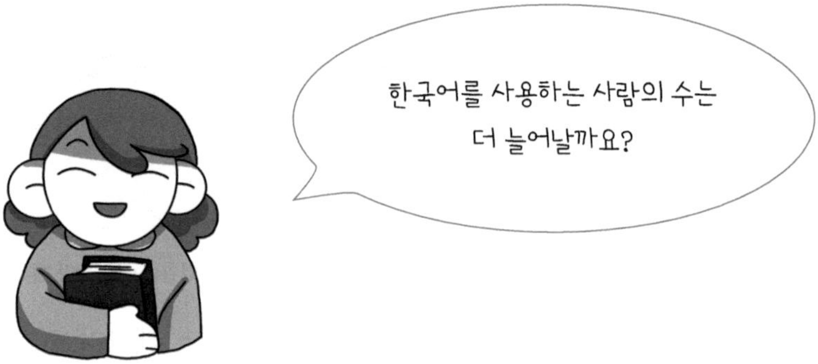

대한민국의 경제 성장과 더불어 영화, 드라마, 음악 등의 문화적 영향력이 높아지면서 한국어를 공부하는 사람도 늘어나고 있습니다. 가까운 나라인 중국, 일본뿐만 아니라 미국, 프랑스, 러시아 등의 나라에서도 한국어에 대한 관심이 높아지고 있다고 해요. 또한 한국어를 제2외국어로 채택하는 나라도 점점 많아지고 있어서 한국어를 사용하는 사람의 수는 더 많아질 것 같습니다.

사람들이 언어에 관심을 가지는 이유는 무엇일까요?

언어에 관심을 가지고 연구하는 사람들은 아마 실제 사용하는 것을 목적으로 연구하거나 언어 자체에 대한 호기심에서 연구하는 것으로 나눌 수 있어요. 그렇다면 언어에 대해서 연구하고 공부하는 것은 우리에게 어떤 도움이 될까요? 다음의 몇 가지를 통해서 살펴볼게요.

첫째, 우리가 사용하는 언어에 대한 원리와 규칙을 정리할 수 있습니다. 우리가 말을 하거나 글자를 쓸 때 어떻게 그것을 쓰고 의사소통을 하는지 알 수 있고, 이것을 통해 여러 가지 원리를 알고 연구할 수 있답니다.

둘째, 역사적, 사회적으로 변화하는 과정을 알 수 있습니다. 언어를 사용할 때의 단어는 새롭게 생겨나기도 하고 사라지기도 하죠? 역사적으로 또는 사회적으로 이러한 과정을 잘 알 수 있게 된답니다.

셋째, 언어의 규칙을 정하고 이를 위한 이론적인 근거를 제공할 수 있습니다. 우리가 좀 더 체계적이고 효과적으로 말을 사용하기 위해서는 이것을 사용하기 위한 규칙을 정해야겠죠? 〈한글 맞춤법〉이나 〈표준어 규정〉 등이 바로 언어를 사용하기 위한 약속으로서의 규칙 또는 규범이라고 할 수 있답니다.

넷째, 언어에 대한 다양한 현상을 통해서 효율적인 언어 교육의 근거를 제공할 수 있습니다. 학교에서 배우는 언어와 관련된 교과에 지식과 방법을 제공하는 역할을 한답니다. 이에 따라 친구들이 좀 더 쉽고 재미있게 언어에 대해서 배울 수 있는 것이죠.

첫째와 둘째가 언어에 대한 호기심 또는 지적인 욕구에 따른 기여라면, 셋째와 넷째가 실제 사용에 도움을 주는 것이라고 할 수 있겠죠?

20세기 언어학에 가장 많은 영향을 준 학자 중 한 명이었던 **페르디낭 드 소쉬르**(1857~1913)는 『일반 언어학 강의』라는 책으로 유명해요. 소쉬르는 스위스 제네바 대학에서 1901년부터 1913년까지 언어학 교수로 있으면서 언어에 대하여 강의를 하게 된답니다. 소쉬르의 대표적인 이 책도 사실은 직접 쓴 것은 아니고, 제네바 대학에서 많은 인기를 끌었던 강의 내용을 학생들이 강의 노트를 모아서 편집한 후 출판한 것이에요. 소쉬르의 연구는 20세기 언어학의 접근 방식에 많은 영향을 주었어요. **랑그(기표)**와 **파롤(기의)**이라는 개념도 오늘날의 언어학에서 많이 언급되는 개념이에요.

페르디낭 드 소쉬르

! 랑그(기표)
언어에서 소리와 같이 외적 형식을 이르는 말

! 파롤(기의)
언어에 있어서 소리로 표시되는 의미를 이르는 말

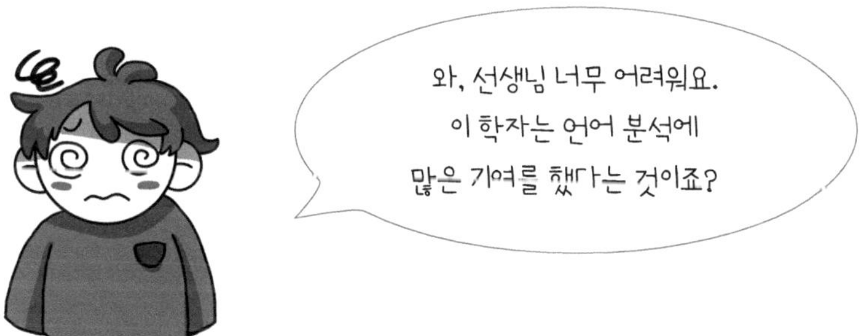

20세기 초는 전 세계적으로 혼란을 겪은 시기였어요. 1914년 7월 28일 1차 세계 대전이 일어났어요. 여러 나라가 전쟁에 참여하게 되고 문명국가라고 자부하고 있던 나라들이 끔찍한 전쟁으로 인하여 많은 피해를 보게 되었습니다. 러시아인이 포함된 많은 동유럽의 언어학자들이 러시아의 공산주의 혁명에서 벗어나기 위해 체코에 있는 도시 프라하에 모이게 된답니다. 그 중에는 유능한 언어학자들이 많았는데요. 니콜라이 트루베츠코이(1890~1938)와 로만 야콥슨(1896~1982)이 가장 잘 알려진 언어학자랍니다. 여기에 모여든 학자들은 언어에 대하여 많은 정보를 나누게 되고, 연구에 집중하면서 '구조주의'라고 불리는 사상을 점점 발전시켰어요.

프라하학파

프라하학파는 1920년대에 만들어진 구조주의 언어학파의 하나로 언어의 사실적 기준에 따라 실증적인 연구를 했어요. 표면적으로 드러나는 언어의 여러 현상과 기능에 대하여 연구하게 되는데 대표적인 학자가 니콜라이 트루베츠코이, 로만 야콥슨, 마테지우스 등이 있어요.

언어 변화에 관심을 가지고 연구를 하면
많은 것을 알 수 있답니다.

로만 야콥슨

러시아 태생의 미국 언어학자로 프라하학파의 이론을 여러 언어학 연구 분야로 이어지도록 하였으며, 언어와 관련된 다양한 연구에 참여하였습니다.

언어에서 소리에 대한 분석은
재미있는 연구 분야랍니다.

니콜라이 트루베츠코이

러시아 태생의 언어학자로 로만 야콥슨과 학문적 교류를 하였으며 소리에 대한 많은 연구 성과를 이루었습니다.

우리나라에도 유명한 언어학자들이 많아요.

우리나라 말이 중국과 달라서 통하지 않느니라.
백성들을 위해 새로운 글자를 만들어야겠다.

세종대왕
조선 4대왕으로 어린 시절부터 책 읽기를 좋아하였습니다. 많은 인재를 양성하였으며 정치, 문화, 과학 등 여러 분야에서 큰 업적을 이루었습니다.

한글은 우리 민족의 글자라네.

한힌샘 주시경
일제 강점기 시절 우리의 말과 글을 연구한 국어학자이자 독립운동가입니다. 국어에 대한 연구와 교육에 관심을 가졌습니다.

나에게 한글은 목숨이라오.

외솔 최현배
일제 강점기 시절 국어에 대해 연구하였으며, 광복 후에도 국어 정책을 수립하고 교육 활동에 기여하였습니다.

언어는 어떤 역할을 할까요?

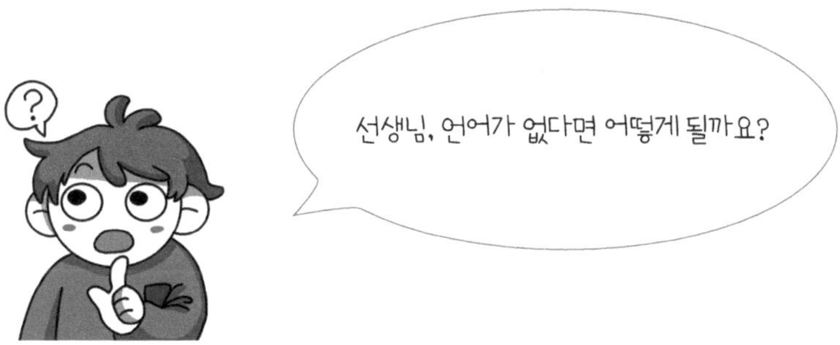

언어는 우리가 살아가는 데 어떤 역할을 할까요? 조금 더 쉽게 생각해보기 위해서, 만약 우리에게 언어가 없다면 어떤 일이 일어날지 생각해볼까요?

친구들이 생각한 것처럼 우리에게 언어가 없다면 불편함이 많을 것 같아요. 사람들이 사용하는 언어가 어떤 역할을 하는지는 동물들의 언어에서 엿볼 수 있어요. 동물들이 사용하는 언어에 대하여 관심을 가지고 연구한 사람들이 있는데요. 대표적인 사람이 카를 폰 프리슈입니다.

오스트리아의 동물학자인 카를 폰 프리슈(Karl von Frisch, 1886~1982)는 벌에 대해서 연구를 했어요. 그 결과 벌이 맛과 냄새를 구분할 수 있다는 것과 율동이나 춤으로 서로에게 먹이가 있는 곳의 거리와 방향을 알려준다는 것을 알아냈어요. 이 연구에 따르면 꿀통과 가까운 거리는 원을 그리는 춤을 추고, 먼 거리는 꼬리춤을 춘다는 것이에요.

꿀통과 가까운 거리

꿀통과 먼 거리

돌고래도 의사소통을 한다고 해요. 돌고래는 사람을 제외한 나머지 동물들 중에서도 비교적 높은 지능을 가지고 있어요. 돌고래는 휘파람처럼 높은 음역대의 주파수를 통해서 서로 소통을 한다고 합니다. 종류마다 조금씩 주파수의 음역대와 표현 방법이 다르기는 하지만 소리와 몸짓으로 의사소통을 한다고 하니, 일종의 언어를 가지고 있다고 할 수 있겠죠?

이처럼 벌과 돌고래도 우리와 비슷하게 의사소통을 할 수 있다고 합니다. 그런데 우리가 사용하는 언어와 다른 점이 있어요. 우리는 비슷한 말을 여러 가지 방법으로 표현할 수 있을 뿐만 아니라 갑자기 변하는 상황도 표현할 수 있어요. 이것과 달리 벌과 돌고래는 새로운 표현을 갑자기 만들어낼 수는 없답니다. 이것처럼 여러 가지 표현을 만들어낼 수 있는 것을 언어의 창조성이라고 한답니다.

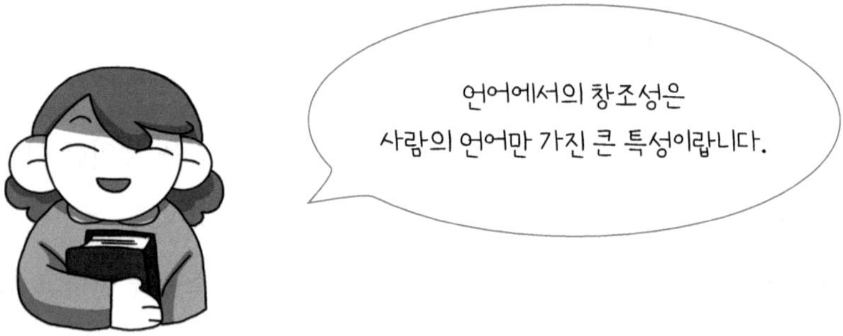

언어는 어떤 특성을 가지고 있을까요?

언어는 창조성도 있고, 역사성도 있는 것 같아요.

언어는 그 이외에도 몇 가지 특성을 더 가지고 있답니다.

언어는 몇 가지 특성을 가지고 있어요. 특성이란 '특수한 성질'을 말하는데요. 언어가 가진 특수한 성질을 살펴보겠습니다.

'보편성'은 언어가 가지고 있는 일반적 성질을 말해요.
예를 들어 모든 언어는 자음과 모음을 가지고 있고,
품사처럼 낱말을 문법적 기능으로 나눌 수 있어요.

'개별성'은 각 언어마다 가지고 있는 고유의 성질이겠죠?

언어는 여러 가지 특성을 지니고 있는데요. **창조성**은 같은 의미를 지니더라도 다양한 낱말이나 문장으로 만들어낼 수 있다는 것을 뜻합니다. 예를 들어 배가 고플 때, '배고파요', '꼬르륵 소리가 나요', '밥 먹고 싶어요' 등 다양한 방법으로 현재의 상황을 표현할 수 있답니다. 이것은 동물의 언어에서는 찾기 힘든데요. 언어가 있다고 알려진 벌이나 돌고래는 같은 뜻을 지닌 여러 개의 언어를 창조하는 것이 어렵기 때문입니다. **사회성**은 언어가 혼자서만 사용하는 것이 아니라 사회 구성원 전체가 약속하여 사용하는 것이며, 이것은 오랫동안 이어져온 관습적인 체계라는 뜻을 말합니다. 지금의 언어와 오래전의 언어가 다르지만, 새롭게 생겨나는 낱말도 사회 구성원이 함께 사용해야 한다는 것이죠. **역사성**은 문자가 가진 대단히 중요한 특성입니다. 문자를 통해서 인류 문화가 이어질 수 있으며, 이것이 인류의 문화 발전에도 많은 기여를 한다는 것입니다.

우리는 생각이나 느낌을 표현할 때 직접 만나서 말로 할 수도 있고, 편지와 같이 글로 써서 전할 수도 있죠? 둘 다 언어(말)이지만 형식이라는 관점에서 나눌 수 있답니다. 언어를 형식으로 나눌 때 하나는 입으로 하는 언어라고 해서 '입말' 또는 '구어'라고 해요. 다른 하나는 글로 하는 언어라고 해서 '글말' 또는 '문어'라고 한답니다. 글말(문어)은 입말(구어)을 시각적인 기호로 나타낼 수 있는데, 이때 사용하는 기호를 문자라고 합니다. 입말은 음성언어라는 형식을 통해서 표현하게 되고, 글말은 문자언어라는 형식을 통해서 표현하게 되는 것이랍니다.

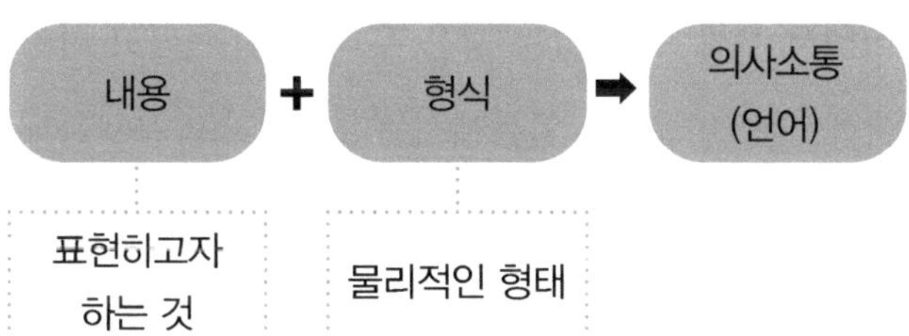

이처럼 언어를 내용과 형식으로 분류할 수 있는 것을 언어의 **이원성**이라고 합니다.

같은 대상이지만 각 언어마다 그것을 가리키는 낱말은 다르죠? 주변에 비해서 우뚝 솟아 있는 땅을 우리는 '산'이라고 하지만 미국이나 영국에서는 [마운틴], 일본에서는 [야마]라고 부르는데 이것은 언어의 자의성 때문이랍니다. 언어의 **자의성**이란 언어와 대상이 필연적인 관계가 아니라는 것을 말합니다. 곧 사람들이 어떤 대상을 가리키는 말은 국가나 지역 사람들이 약속해서 그것의 명칭이 정해졌다는 것입니다.

인류는 문자를 어떻게 사용했을까요?

현재 우리는 휴대전화나 컴퓨터로 메시지를 주고받거나 편지를 쓰는 등 활발하게 문자를 이용하고 있죠? 문자는 음성언어인 입말을 글로 써서 나타내기 위한 일종의 기호라고 해요. 그렇다면 문자는 언제부터 있었을까요? 옛날 사람들도 문자를 사용했답니다. 그런데 문자는 시대, 지역 등에 따라서 모양새가 달랐습니다. 아주 오래전에 살았던 옛날 사람들은 종이가 없었기 때문에 주로 작은 돌이나 바위, 점토판 등 다양한 곳에 문자를 새겼어요.

문자는 역사적으로 시대를 구분하는 기준이 되기도 했는데요. 문자를 사용하기 이전의 시대를 **선사시대**라고 하고 문자를 사용한 이후의 시대를 **역사시대**라고 해요.

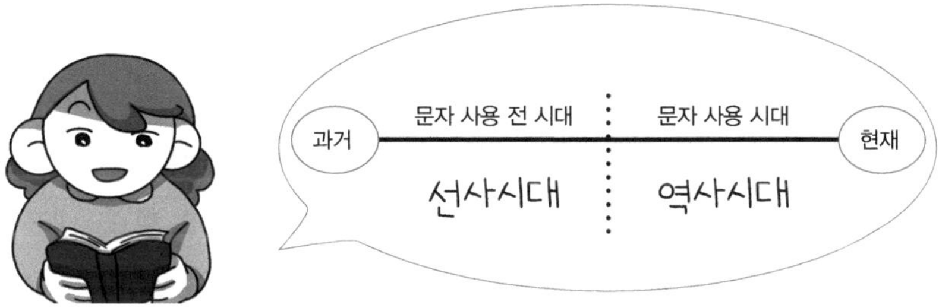

❗ 선사시대
문헌 사료가 존재하지 않는 시대. 석기시대와 청동기시대를 이릅니다.

❗ 역사시대
문자로 쓰인 기록이나 문헌이 존재하는 시대를 이릅니다.

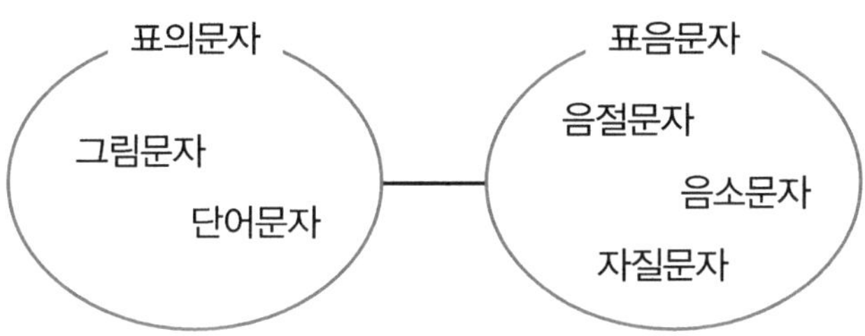

문자는 크게 표의문자와 표음문자로 나눌 수 있어요. 표의문자는 뜻을 나타내는 문자를 말하고 표음문자는 소리를 나타내는 문자를 말해요. 아주 오래전의 문자는 지금 우리가 사용하는 문자와는 달리 그림이었답니다. 인류에게 그림은 잊어버리기 쉬운 기억을 떠올릴 때 도움이 되었어요. 그래서 오래전에는 그림문자가 널리 사용되었답니다.

그림문자는 신앙이나 생활의 모습을 나타내는 경우가 많았는데요. 주로 동굴의 벽이나 큰 바위, 무덤 등에 새겨진 것이 아직도 많이 남아 있답니다. 사실적으로 그려지던 그림문자가 시간이 지나면서 조금 더 간단하게 표현되었는데요. 이것을 **상형문자**라고 해요. 대표적인 상형문자는 이집트의 신성문자, 수메르의 초기 설형문자, 고대한자 등이 있습니다.

대표적인 단어문자로는 한자가 있답니다. **단어문자**는 하나의 문자가 하나의 뜻을 나타내는 문자를 뜻해요. 산은 '山', 하늘은 '天', 해는 '日'과 같이 글자가 뜻을 나타내는 것이에요. 그런데 한자를 만드는 원리가 상형만 있는 것은 아니랍니다.

한자를 만드는 원리

상형

사물의 모양을 본떠서 글자를 만드는 방법

지사

추상적인 일을 점이나 선 등의 기호를 이용하여 만드는 방법

회의

두 가지 이상의 한자를 합하여 새로운 뜻을 나타내는 글자를 만드는 방법

형성

두 가지 이상의 한자를 합하여 만들지만 한 쪽은 뜻, 다른 한쪽은 음을 나타내는 글자를 만드는 방법

전주

기존에 사용하는 한자의 뜻을 확대, 발전시켜 다른 뜻으로 사용하는 방법

가차

어떤 대상을 나타내기 위하여 글자를 빌려와서 사용하는 방법

상형문자와 단어문자가 대표적인 **표의문자**라면 음절문자, 음소문자는 대표적인 **표음문자**예요. **음절문자**는 소리를 나타내는 방법의 문자로 일본에서 사용하는 가나문자가 있어요. 산(やま) 하늘(てん), 바다(うみ) 등과 같이 소리를 음절로 나타낸답니다. **음소문자**는 음소라는 하나하나의 소리들이 모여서 음절을 이루는 문자로 한글, 로마자 등이 있습니다. 음소문자는 비교적 많지 않은 자음과 모음으로도 여러 가지 소리를 만들어 쓸 수 있습니다.

우리나라에서 사용하는 한글은 음절문자, 음소문자, 자질문자의 특징을 모두 가지고 있답니다. 한글은 인류 역사상 가장 아름다운 문자이면서 동시에 가장 과학적으로 잘 만들어진 문자입니다. 다른 문자와는 달리 한글은 그것을 만든 사람과 시대를 정확하게 알 수 있어요. 디지털 기기에서도 한글은 여러 가지 생각과 느낌을 쉽게 나타낼 수 있는 문자랍니다.

문자의 기원은 무엇일까요?

인간이 사용한 최초의 문자는 대략 기원전 3,000년 전에 사용되었다고 알려져 있어요. 지금의 문자와는 달리 단순한 형태의 그림으로 사용되었는데요. 문자의 기원은 그림문자에서 찾을 수 있습니다. 그림문자는 대체로 생활 주변에서 흔히 볼 수 있는 물건이나 동식물, 의식주, 자연현상 등을 나타내고 있는데요. 프랑스, 스페인, 이집트 등 세계 여러 곳에서 동굴의 벽화에서부터 그림문자에 이르기까지 문자의 기원을 알 수 있는 흔적을 발견할 수 있습니다.

알타미라 동굴 벽화

이집트 그림문자

우리나라에도 오래전 조상들이 남긴 그림문자가 남아있는데요. 대표적인 것이 울산 울주군 언양읍 대곡리에 있는 반구대 암각화입니다. 역사적 가치가 매우 높은 이 문화재는 신석기 시대부터 여러 시대에 이르기까지 많은 그림문자가 기록되어 있어, 그 시대 사람들의 생활 모습을 알 수 있습니다. 반구대 암각화는 국보 제285호로 고래, 호랑이, 사슴, 멧돼지 등 다양한 동물이 새겨져있을 뿐만 아니라 고래를 잡는 모습이나 여러 동물을 사냥하는 모습 등과 같이 그 시대 사람들이 어떻게 살았는지를 잘 드러내고 있답니다. 지금은 강의 상류에 자리하고 있지만 고래 그림이 있는 것을 보면 아주 오래전에는 바닷물이 있었다고 추정할 수 있습니다.

오랫동안 그림문자는 그것을 남긴 사람들의 생각이나 느낌 등을

반구대 암각화

드러내는 데 사용되었습니다. 그림문자는 대상을 구체적으로 나타낼 수 있다는 점에서는 좋지만 좀 더 복잡한 정보를 전달하는 데에는 적합하지 않았습니다. 그림문자는 그것을 남긴 사람의 의도와는 달리 여러 가지로 해석될 수 있기 때문이랍니다. 또한 그림문자를 새기는 과정도 시간이 오래 걸리거나 힘들다는 점에서 좀 더 발전된 형태의 문자가 필요하게 된 것이죠. 시간이 지나면서 문자는 표의문자를 거쳐 표음문자의 형태로 발전하게 됩니다.

그림문자는 모양이 비교적 단순하기 때문에 그것의 뜻을 쉽고 빠르게 발견할 수 있다는 장점이 있습니다. 그래서 현재까지 그림문자를 여러 곳에서 사용하고 있는데요. 대표적인 것이 바로 픽토그램입니다. **픽토그램**(pictogram)은 그림을 나타내는 '픽쳐(picture)'와 전보를 나타내는 '텔레그램(telegram)'을 합쳐서 만든 말인데요. 이것은 사물이나 사람의 행동을 본떠서 만들게 됩니다. 단순하고 명확하다는 장점 덕분에 전달해야 하는 내용을 빠르게 알릴 수 있답니다.

비상구	화장실	비상대피소	맹견주의

이처럼 비상구나 화장실을 나타내는 픽토그램은 우리 주변에서 흔히 볼 수 있는 그림문자입니다. 거의 모든 시설이나 기관에서 픽토그램을 볼 수 있으니 우리 생활과 밀접한 관련을 가지고 있는 기호라는 것을 알 수 있죠?

누가 보더라도 정말 쉽게 알 수 있을 것 같아요.

그림문자는 언어가 달라서 소통이 어려운
외국인들에게도 쉽게 정보를 전달할 수 있답니다.

천전리 각석

천전리 각석은 국보 제147호로 우리나라의 대표적인 선사시대 바위 그림 유적입니다. 울산광역시 태화강 지류의 중간 지점에 자리하고 있는데, 계곡을 따라 바위벽이 가파르게 서 있습니다. 그림이나 글씨를 새기기에 비교적 쉬운 연한 재질의 바위로 기하학적인 무늬에서부터 회오리 무늬, 원 무늬 등 다양한 무늬가 새겨져 있습니다. 주로 청동기 시대에 새겨진 것으로 보이는 것이 많지만 이 이외에도 신라 시대의 화랑들이 새긴 것으로 보이는 글씨도 볼 수 있으며, 말을 탄 사람과 그를 따르는 행렬의 모습도 새겨져 있어 역사적으로 매우 가치 있는 문화재입니다.

역사와 문자는 어떤 관련이 있을까요?

문자는 과거, 현재, 미래를 이어주는 역할을 한답니다. 문자와 관련된 여러 역사적 사건이 있는데, 그중에서도 나폴레옹과 이집트 문화에 대한 내용을 찾아볼 수 있습니다.

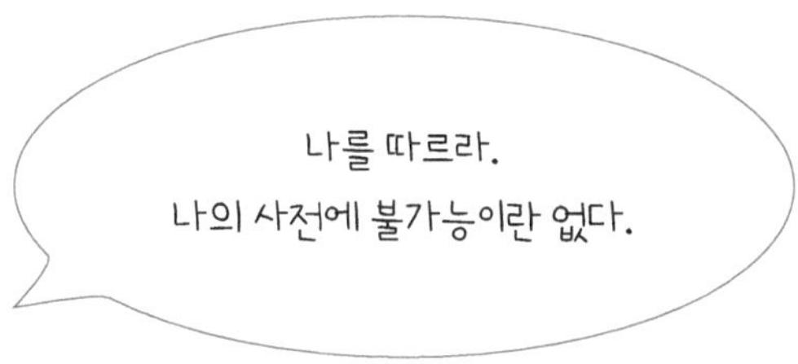

1799년 나폴레옹 군대는 이집트 로제타 마을에서 가로 75cm, 세로 114cm, 두께 28cm 정도의 현무암으로 만들어진 비석을 발견하게 됩니다. 이집트 문화에 관심을 가진 사람은 많았지만 여러 유물에 새겨진 이집트 문자를 이해하지 못해서 이집트의 역사와 문화에 대하여 자세하게 알 수가 없었습니다. 오랫동안 로제타석의 문자를 해독하기 위해 노력한 결과, 장 프랑수아 샹폴리옹이라는 프랑스 학자가 1822년 가장 먼저 로제타석의 문자를 해독하게 됩니다.

로제타석

로제타석에는 프톨레마이오스 5세의 즉위와 찬양에 대한 내용을 담고 있다는 것을 알게 된 것이죠. 문자에 기록된 내용을 알게 되면서 바로 이집트의 역사를 알 수 있게 된 것입니다.

우리나라에도 역사적 사건을 기록한 여러 종류의 문화유산이 남아 있습니다. 〈조선왕조실록〉과 같이 책의 형태로 남아 있는 경우도 있고, 〈광개토대왕비〉, 〈진흥왕순수비〉와 같이 돌에 새겨서 기록하기도 했습니다. 〈광개토대왕비〉는 현재 중국의 영토인 만주 지안시 퉁거우에 있으며, 아들인 장수왕이 아버지 광개토대왕의 업적을 기리기 위해 만든 것으로, 한반도에서 가장 큰 비석으로 알려져 있어요. 여기에는 고구려의 건국 신화와 광개토대왕의 업적 등이 기록되어 있습니다. 그리고 〈진흥왕순수비〉는 진흥왕이 신라의 영토를 직접 순회하면서 상황을 보고받는 의례를 거치며 업적을 기리기 위해 만들어진 비석입니다. 이것은 당시 신라의 위상이나 영토의 위치 등을 알 수 있는 아주 중요한 기록이랍니다. 현재 남아 있는 〈진흥왕순수비〉는 4개입니다.

광개토대왕비

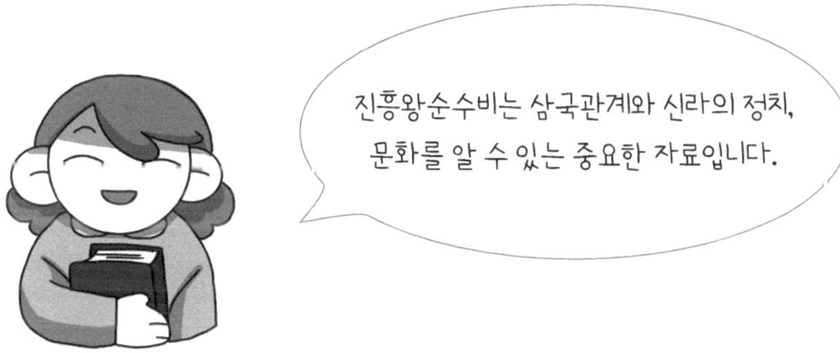

진흥왕순수비

한글은 어떻게 만들어졌을까요?

한글은 우리나라에서 사용하는 문자입니다. 곧 한국어를 표기하는 문자언어를 뜻합니다. 한글은 인류 역사상 가장 아름다우면서도 과학적인 체계를 가진 문자라고 알려져 있습니다. 〈브리태니커〉와 같은 사전에서도 가장 발전된 형태의 문자라고 제시하고 있는 것만 봐도 알 수 있겠죠? 영국의 언어학자인 제프리 샘슨도 그의 책 『문자 체계(Writing Systems)』에서 한글을 독창적이고 훌륭한 문자라고 소개하고 있습니다. 한글은 여러 가지 성질을 동시에 가지고 있는 문자이기도 합니다. 일반적으로 음소문자로 알려져 있지만 음절 단위로 사용된다는 점에서 음절문자의 성질도 가지고 있습니다.

근대의 한글 연구 과정에서 학자들마다 창제 원리에 대한 다양한 의견을 주고받았지만, 정확하게는 그 내용을 알 수 없었습니다. 그러다가 1940년 안동에서 훈민정음의 제자원리와 운영법에 대해 설명하고 있는 〈훈민정음 해례본〉을 발견하게 되면서 창제 원리에 대하여 알게 되었습니다.

초성자의 기본이 되는 자음은 발음 기관을 본떠서 만들었습니다. 이(ㅅ), 목구멍(ㅇ), 입술(ㅁ), 혀뿌리가 입천장에 닿는 모습(ㄱ), 혀가 윗잇몸에 닿는 모습(ㄴ)이었던 것이죠. 그리고 모음은 하늘(•), 땅(ㅡ), 사람(ㅣ)을 생각한 것입니다. 곧 천지인이 바로 만물의 근원이라고 본 것에서 시작한 것이죠. 모양을 본떠서 만든 후 획을 더하거나 나란히 써서 글자를 만들게 되었는데요. 발음 기관을 비롯해 현대 음성언어학에서 알 수 있는 과학적인 체계가 담겨 있다는 것이 매우 놀랍습니다.

한글의 우수성은 디지털 기기를 사용할 때 확연하게 잘 알 수 있습니다. 스마트폰이나 컴퓨터로 메시지를 주고받을 때는 제한된 글자로 생각이나 느낌을 나타내야 하는데, 이때 한글은 다른 문자언어에 비해서 효과적으로 표현하고 이해할 수 있는 장점이 있습니다.

스마트 폰 채팅 시 한글 메시지

스마트폰 채팅 시 다른 나라 언어 메시지

종성부용초성

한글이 대단히 과학적인 문자라는 증거는 여러 가지가 있지만 그 중에서도 첫소리(초성) 글자와 끝소리(종성) 글자를 만들 때를 보면 알 수 있습니다. 종성부용초성은 한글을 쓸 때의 끝소리 글자는 따로 만들지 않고, 첫소리의 글자를 다시 사용한다는 뜻이랍니다. 글자의 수를 늘리지 않아도 첫소리와 끝소리가 발음되는 규칙을 생각하며 만들어진 것이죠.

PART 2

인류의 생존과 언어

인류는 어떻게 살아남았을까요?

지금 우리의 모습을 하고 있는 인류는 처음부터 지구에 자리 잡고 살았던 것은 아니랍니다. 여러 동물들이 나타났다가 사라지기도 하면서 지구에서 살아남기 위해 노력을 했어요. 인류도 그 중에 하나였지요. 인류는 그동안 최소 21~24종이 지구에 살았어요. 아주 작은 키를 가진 인류에서부터 크고 힘이 센 인류까지 오랜 기간 동안 다양한 인류가 지구에 있었던 것이죠. 정확하게 어떤 인류가 우리의 조상인지 알 수는 없지만 각자 생긴 모습이나 살아가는 방법이 조금씩 달랐습니다.

오랫동안 인류에 대하여 연구한 학자들은 아프리카에서 살던 인류의 조상이 긴 여행을 떠나면서 전 세계로 인류의 조상이 이동했다고 말합니다. 이 학설에 따르면 인류의 조상은 아프리카에서 왔다는 것을 알 수 있죠. 인류의 변화는 직립보행(일어나서 두 발로 걷는 것)을 하면서부터 일어났다고 해요. 직립보행을 하면서, 두 손을 자유롭게 쓸 수 있을 뿐만 아니라 말을 할 수 있는 입안의 여러 기관에도 변화가 나타난 것입니다. 또 직립보행을 하면서 뇌가 발달하고 발음을 정확하게 할 수 있는 발음 기관이 진화하기 시작했습니다.

오스트랄로피테쿠스는 약 800만 년 전부터 160만 년 전 사이에 살았던 인류였어요. 이 인류는 지금의 인류와는 달리 침팬지와 비슷한 머리뼈 모양을 가졌습니다. 입은 앞으로 튀어나왔고, 뒷머리가 비교적 밑으로 처져 있어요. 그런데 직립보행을 하기 시작한 호모 에렉투스의 머리뼈를 살펴보면 위아래로 좀 더 길어지고 입도 덜 튀어나온 것을 알 수 있습니다.

발음을 하는 데 중요한 기관인 후두와 입이 같은 높이에 있으면 말소리를 내는 것이 쉽지 않은데요. 이를 근거로 오스트랄로피테쿠스는 침팬지와 유사했다는 것을 알 수 있습니다.

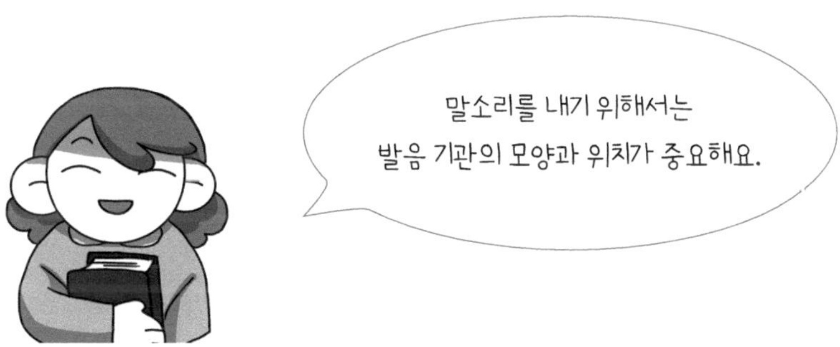

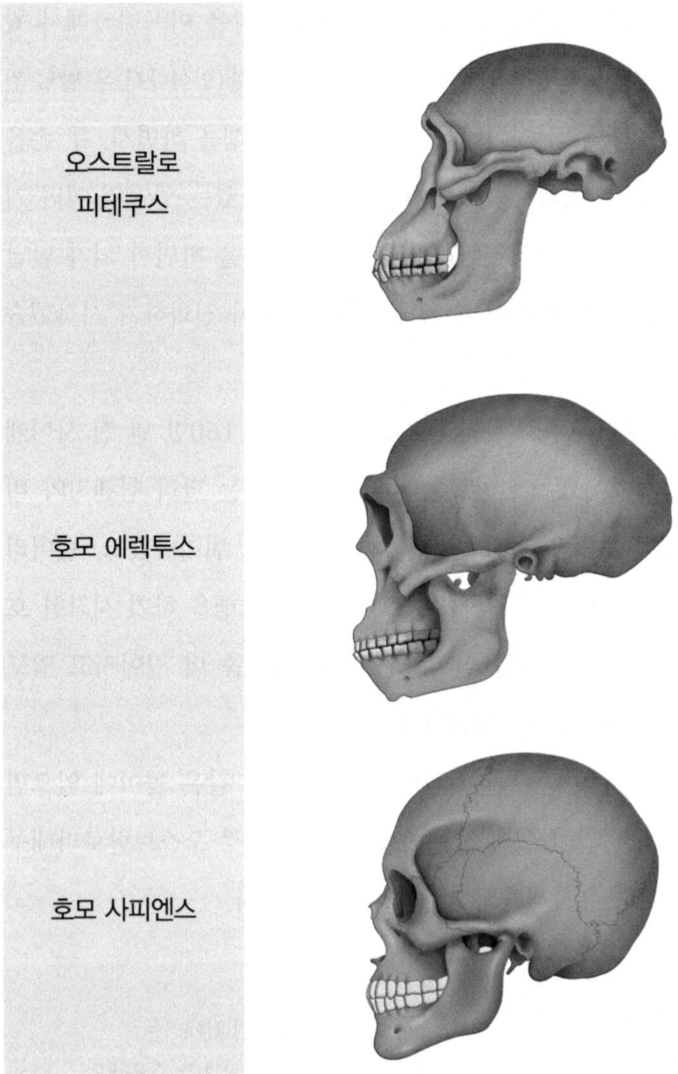
오스트랄로
피테쿠스
호모 에렉투스
호모 사피엔스

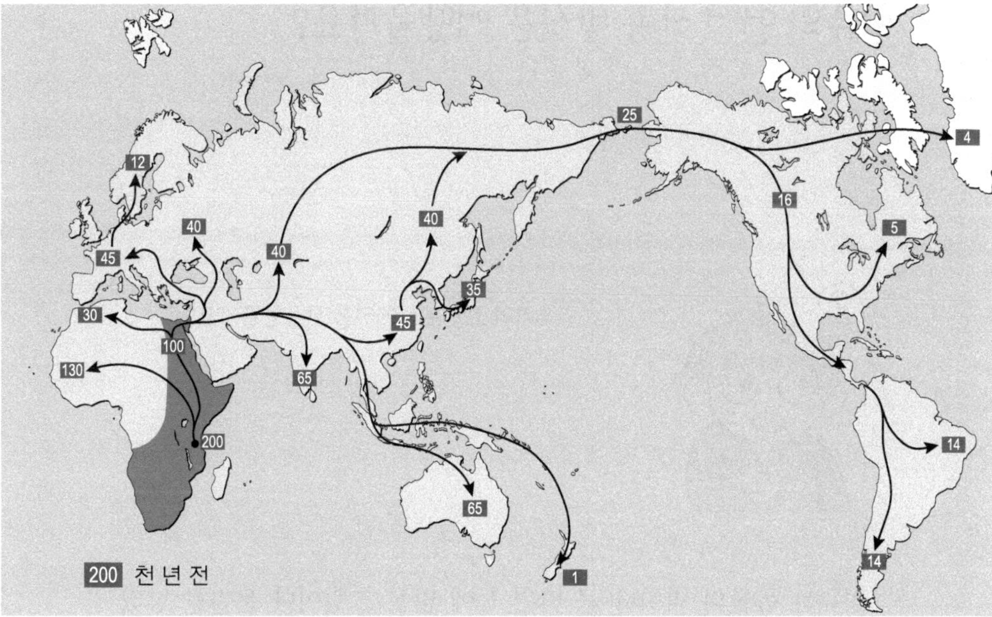
25
4
12
16
40
40
40
5
45
35
30
45
100
130
65
200
14
65
14
1
200 천 년 전

자, 먼 여행을 떠나볼까?

인류의 언어 사용 방식은 어땠을까요?

인류는 동굴의 벽이나 큰 바위 등에 많은 그림이나 문자를 남겼어요. 아주 오래전 사람들도 어떤 메시지를 주고받기 위해서 흔적을 남겼던 것입니다. 직접 만나서 이야기하는 것이 가장 좋겠지만 살아가는 시대가 달라서 만날 수 없거나 멀리 있는 사람에게는 문자로 자신의 생각이나 느낌을 표현했답니다.

우리의 조상들이 살아남기 위해 사용한 언어는 어땠을까요? 호모 네안데르탈렌시스와 호모 사피엔스를 알고 계시나요? 어쩌면 같은 시대에 같은 공간에서 살았을지도 모르는 두 인류는 여러 가지 다른 점을 가지고 있었어요. 호모 네안데르탈렌시스는 호모 사피엔스보다 몸집이 더 크고 힘도 셌어요. 무리를 지어 다니기도 했고, 더 큰 동물을 사냥할 만큼 용맹하기도 했죠. 호모 사피엔스는 호모 네안데르탈렌시스보다는 몸집이 조금 더 작았지만 여러 무리를 짓는 능력이 더 뛰어나고 머리가 더 좋았어요.

인류의 역사나 언어에 대하여 연구하는 많은 사람들이 '언제부터 사람들이 말을 할 수 있었을까?'하는 의문을 가졌습니다. 사실 너무 오래전 일이라서 정확하게 알 수는 없지만 호모 네안데르탈렌시스도 말을 할 수 있었을 것이라고 해요. 앞에서 살펴본 것처럼 호모 에렉투스나 호모 네안데르탈렌시스도 후두와 입이 거의 같은 높이에 있어서 혀를 자유롭게 움직이기 어려웠어요. 그래서 발음이 정확하지 않아서 말을 하지 못했을 것이라고 생각하는 사람들이 많았어요. 그런데 일부 호모 네안데르탈렌시스의 뼈에서는 설골의 발견으로 발음이 가능했을 것이라고 하는 사람도 있어요. 그렇지만 지금의 우리와 같이 또박또박 말을 하지는 못했을 거라는 주장이 가장 믿음이 간답니다. 호모 네안데르탈렌시스가 말을 했다면 코에서 울리는 소리를 했거나 아니면 아기처럼 웅얼웅얼하고 말을 했을 거라고 하네요. 갑자기 위험에 빠지더라도 정확하게 생각을 전달하지 못하면 위험에서 벗어나기가 쉽지 않았겠죠?

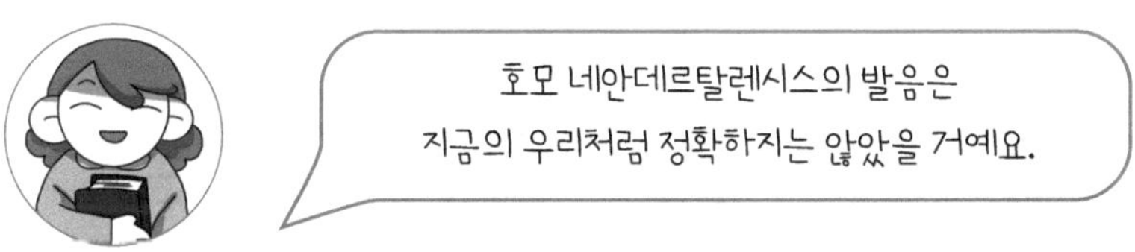

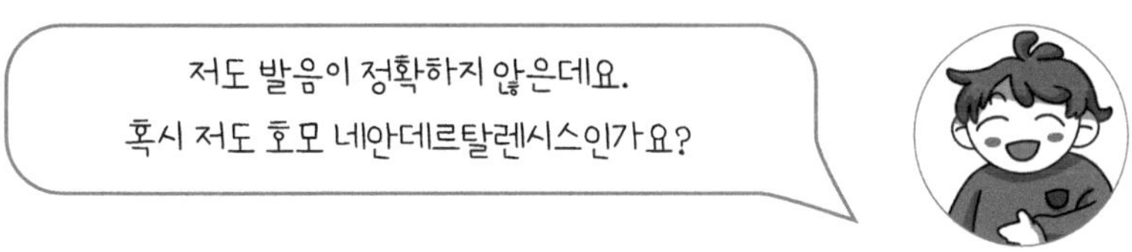

언어는 인류의 생명을 지켰을까요?

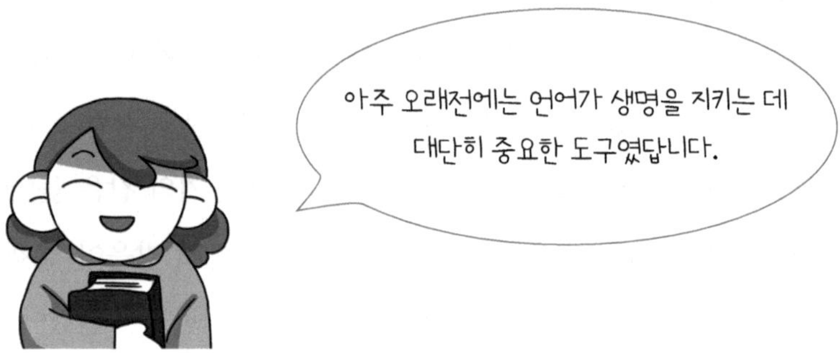

아주 오래전의 우리 조상들은 넓은 들판에서 살아가는 것이 대단히 어렵고 힘든 일이었을 거예요. 무서운 동물들이 주변에서 호시탐탐 노리고 있어서 생활하는 데에도 많은 불편함이 있었어요. 여러 종류의 인류가 나타났다가 사라지는 것을 반복했는데 세 종류의 인류를 살펴보면 특징을 알 수 있답니다.

파란트로푸스 보이세이

호모 네안데르탈렌시스

호모 사피엔스

인류의 모습을 보면 생김새가 다르다는 것을 알 수 있죠? 언어가 사람만이 가진 고유한 능력이라고 한다면, 오래전 인류는 어떤 종류의 언어를 사용했을까요? 오래전에 살았던 인류가 정확하게 어떤 언어를 썼는지 알 수는 없지만 지금 우리가 사용하는 언어와는 달랐다는 것을 알 수 있어요.

턱이 크고 얼굴이 넓적한 파란트로푸스 보이세이와 같은 인류도 있었고, 호모 네안데르탈렌시스와 같이 덩치가 크고 힘이 센 인류도 있었어요. 지금 이 세상에 살고 있는 인류는 호모 사피엔스에서 이어진 인류라고 해요. 사람들은 다른 동물보다 더 긴 유년기를 보낸답니다. 유년기가 길다는 것은 사회적으로 성장해가면서 필요한 여러 가지를 익히는 기간이 길어진다는 것을 뜻해요.

몸집이 더 크고 힘이 센 호모 네안데르탈렌시스가 사라지고 우리 인류인 호모 사피엔스가 지금껏 살아남은 이유는 여러 가지가 있지만, 이 중에서 유년기에서 원인을 살펴보기도 해요. 호모 네안데르탈렌시스는 수명이 짧은 만큼 유년기도 길지 않았고, 그만큼 부족

함을 채우는 시간이 많지 않았던 것이죠. 또 호모 네안데르탈렌시스는 몸집이 큰 만큼 많은 칼로리를 소비해야만 했는데, 이를 보충하기 위해서 많은 고기를 섭취했답니다. 호모 네안데르탈렌시스의 구강 구조를 살펴보면 비음(콧소리)으로 의사소통했을 것이라고 추정할 수 있어요.

오래전의 인류는 지금과는 달리 항상 위험에 노출된 상황을 겪었습니다. 파란트로푸스 보이세이도 그렇고, 호모 네안데르탈렌시스도 그랬답니다. 파란트로푸스 보이세이의 어금니는 현생 인류보다 훨씬 더 크고 단단했답니다. 이들은 주로 채식을 했기 때문에 질긴 풀을 오랫동안 씹어야 했고 식사를 하는 시간도 매우 길어서 하루 일과 중 많은 시간을 식사 시간으로 썼다고 합니다. 그러니 더욱 주변의 위험에 노출될 수밖에 없었겠죠?

선생님, 저도 채식 좋아해요.

밥을 먹으면서는 말을 많이 하면 안 되겠죠?

의사소통 방식은 어떻게 변화했을까요?

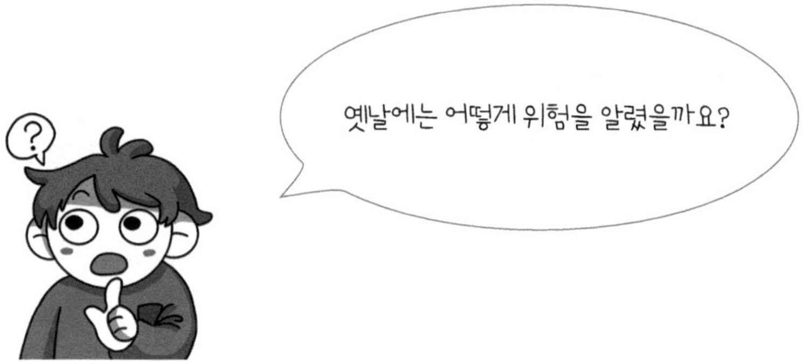

우리나라에서는 멀리 있는 사람의 생각을 알기 위해서 여러 가지 방법을 사용했어요. 대표적인 것이 바로 '봉수'라고 해요. 봉수는 나라에 큰 난리가 났을 때 사용했던 것으로, 횃불과 연기로 소식을 알리는 통신 제도였어요.

사람이 뛰어가거나 말을 타고 가는 것보다 훨씬 빠르게 전달할 수 있다는 장점이 있었어요. 낮에는 연기로 밤에는 횃불로 알렸는데, 〈경국대전〉에 따르면 평소에는 1개, 적이 나타나면 2개, 적이 가까이 접근하면 3개, 적이 들어오면 4개, 전쟁을 하면 5개를 올렸다고 해요. 봉수는 오랫동안 사용하다가 1900년 전후로 근대 통신 기술이 들어오면서 사용하지 않게 되었다고 합니다.

불이나 연기를 이용하여 신호를 보내는 것은 다른 나라에서도 많이 사용했답니다. 영국인이나 스칸디나비아인들도 외부 침략을 알리기 위해서 또는 항해에 도움을 주기 위해서도 사용했습니다.

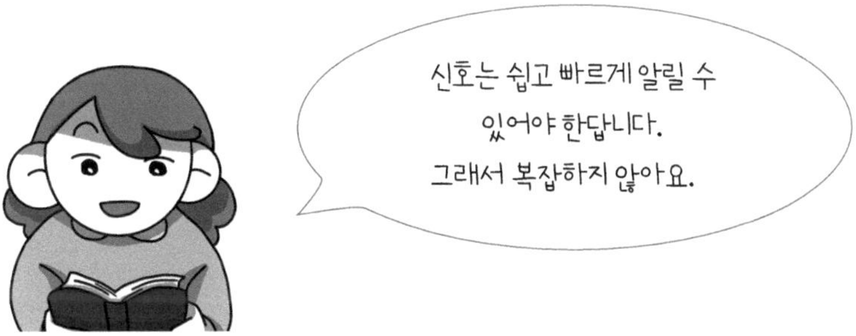

프랑스 신부 클로드 샤프(1763~1805)는 독특한 통신 방법을 만들었는데요. 탑 위에 철재 지지대를 만들어 수평축 막대기로 알파벳 문자를 알리는 장치를 사용하였답니다. 이것은 수평축 막대기의 각도에 따라 각각 전해진 코드가 있었으며 전달하는 사람과 이것을 수신하는 사람이 필요했습니다. 그런데 그것을 망원경으로 관찰하기 위해서는 언덕이나 탑 또는 높은 건물 위에 설치해야만 했답니다.

사무엘 모스(1791~1872)는 전류를 사용하여 의사소통하는 새로운 방법을 연구하였어요. 이것을 위해서 만들어진 부호를 모스 부호라고 해요. **모스 부호**는 점, 선, 공간을 통해서 글자, 숫자 등을 표시한답니다. 짧은 발신 전류(•)와 긴 발신 전류(—)를 조합하여 만들어진 신호를 알파벳과 숫자로 바꾸어 이해할 수 있었던 것이지요. 모스 부호는 오랫동안 사용되었지만 통신 기술이 발달하면서 지금은 사용하는 사람이 많지 않아요. 통신 기술의 발달이 의사소통을 하는 데 많은 변화를 가져온 것이랍니다.

모스부호

모스부호는 점, 선, 공간으로 길이를 변화시키면서 전류를 흘려보내면서 신호를 전달하게 됩니다.

! 문자별 모스부호

A	•−	M	−−	Y	−•−−
B	−•••	N	−•	Z	−−••
C	−•−•	O	−−−	Ä	•−•−
D	−••	P	•−−•	Ö	−−−•
E	•	Q	−−•−	Ü	••−−
F	••−•	R	•−•	Ch	−−−−
G	−−•	S	•••	0	−−−−−
H	••••	T	−	1	•−−−−
I	••	U	••−	2	••−−−
J	•−−−	V	•••−	3	•••−−
K	−•−	W	•−−	4	••••−
L	•−••	X	−••−	5	•••••

6	−••••	ㄱ	•−••	ㅏ	•
7	−−•••	ㄴ	••−•	ㅑ	••
8	−−−••	ㄷ	−•••	ㅓ	−
9	−−−−•	ㄹ	•••−	ㅕ	•••
.	•−•−•−	ㅁ	−−	ㅗ	•−
,	−−••−−	ㅂ	•−−	ㅛ	−•
?	••−−••	ㅅ	−−•	ㅜ	••••
!	••−−•	ㅇ	−•−	ㅠ	•−•
:	−−−•••	ㅈ	•−−•	ㅡ	−••
"	•−••−•	ㅊ	−•−•	ㅣ	••−
'	•−−−−•	ㅋ	−••−	ㅐ	−−•−
=	−•••−	ㅌ	−−••	ㅔ	−•−−
		ㅍ	−−−		
		ㅎ	•−−−		

언어는 신분과 관련이 있을까요?

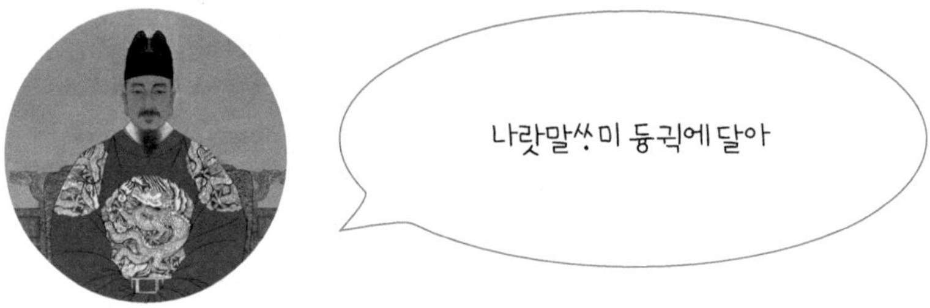

한글이 만들어지기 이전에 우리 조상들은 한자를 사용했어요. 한자는 중국에서 만들어졌기 때문에 우리말을 있는 그대로 써서 나타낼 수는 없었답니다. 곧 우리나라의 입말(음성언어)과 글말(문자언어)

훈민정음 언해본

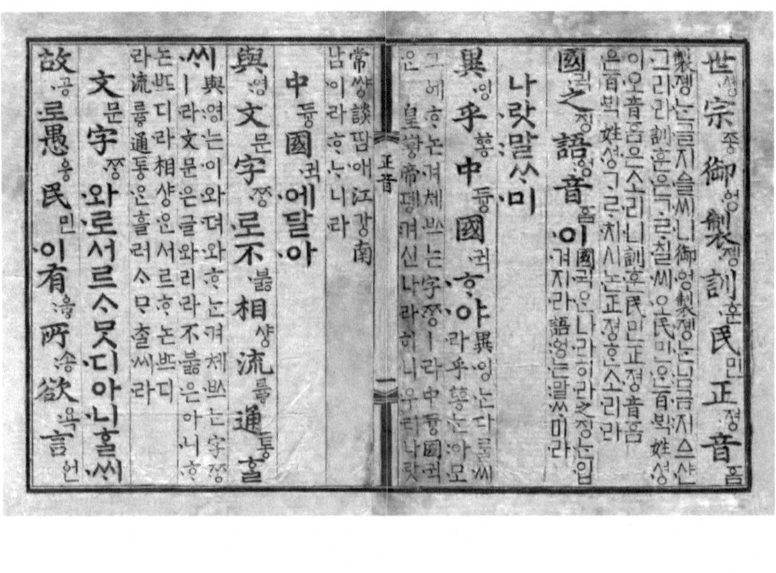

이 달라서 백성들이 많은 불편을 겪어야만 했어요. 또한 한자는 글자의 수가 많아서 그것을 익히기 위해서는 오랜 기간이 필요했답니다. 그래서 양반들 이외의 일반 백성들은 글자를 익히지 못하였습니다. 문자를 알지 못하는 일반 백성들은 억울한 일을 당해도 직접 가지 않고서는 자신의 처지를 알릴 방법이 없었을 뿐만 아니라 농사나 의료 등에 대한 새로운 정보를 익히기도 어려웠습니다.

양반

천민

문자언어는 정보를 얻는 데 대단히 중요한 수단입니다. 새로운 것을 배우고 싶어도 글자를 읽지 못하면 그것을 배울 수가 없었던 것이죠.

세종대왕이 한글을 창제한 이유를 살펴보면 첫째, 이런 백성들의 딱한 사정을 안타깝게 여겼고, 둘째, 우리의 글자가 아니라서 어색한 표현이 많았다는 점, 그리고 셋째, 다른 나라의 글자를 빌려 쓰지 않기 위해서 만들게 되었다고 해요. 한글 창제로 인해서 많은 백성들이 글자를 쉽게 익힐 수 있게 되었고, 새로운 것을 배우는 과정에서도 어렵지 않게 문자를 읽고 쓸 수 있게 되었답니다.

그런데 우리나라뿐만 아니라 다른 나라에서도 문자를 알지 못해서 어려움을 겪는 사람들이 많았어요. 예를 들어 중세 유럽에도 문자를 모르는 사람들이 있었는데요. 주로 성직자들이나 왕, 귀족 계층이 문자를 많이 사용했지만 문자를 모르는 왕과 귀족도 있었다고 해요. 대표적인 사람이 샤를마뉴라는 프랑크 왕국의 전성기를 이끌었던 왕입니다. 수많은 전투에서 승리를 거두며 유럽에서 큰 영향력을 발휘했지만 정작 글자를 잘 알지 못해서 신하들이 읽어주는 글에 간단한 모양만 표시하는 방법으로 서류를 작성했다고 알려져 있습니다.

인쇄 기술이 발달하고 많은 사람들이 글자를 익히게 되면서부터 사람들은 정보를 좀 더 쉽게 접할 수 있게 되었고, 지식을 익히고 새롭게 만드는 기회가 늘어났답니다.

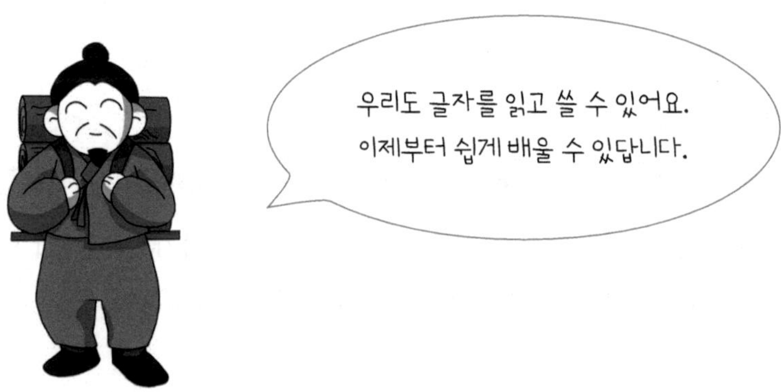

우리나라는 전 세계적으로 문맹률이 대단히 낮은 나라입니다. 바로 한글이라는 쉽게 익힐 수 있는 과학적이고 체계적인 문자가 있기 때문이랍니다. 문자를 읽고 쓰는 능력이 우리나라 발전의 토대를 마련했다고 할 수 있겠죠?

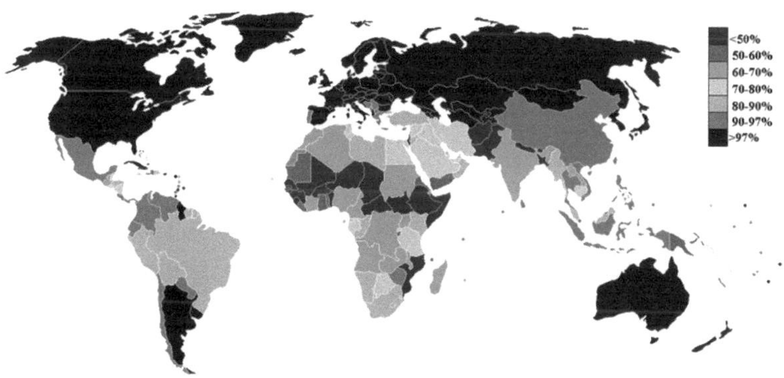

OECD 글로벌 문해력

사용하는 문자가 바뀌는 나라도 있나요?

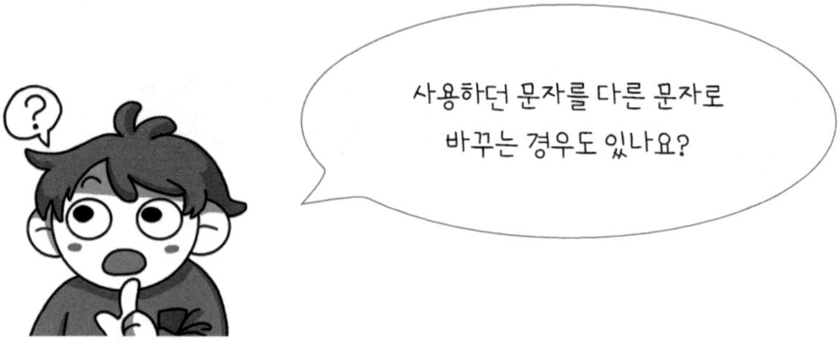

우리는 한글이라는 우리나라의 문자를 가지고 있기 때문에 지금은 당당하게 우리말을 글자로 옮겨서 쓸 수 있지만, 우리 조상들은 오랫동안 중국에서 만들어진 한자를 빌려서 썼답니다. 다른 나라의 문자를 빌려서 쓴다는 것은 대단히 불편한 일입니다. 그런데 다른 나라의 문자를 빌려서 사용했거나 사용하고 있는 나라가 지금도 많습니다.

터키어는 한국어와 비슷한 계통의 언어라고 알려져 있어요. 이 나라는 15세기 후반부터 20세기 초반까지 주변 국가에서 사용하

Merhaba

는 아랍어의 영향을 받게 됩니다. 그래서 그 전에 사용하던 터키어에도 많은 변화를 가져오게 되었죠. 터키어를 아랍 문자로 표기하게 되었지만 실제 아랍어를 읽고 쓰는 데 익숙한 터키 사람은 많지 않았다고 해요. 그러다 20세기 초부터 변화의 바람이 일어났고, 1928년 11월 3일 언어개혁법이 터키에서 통과되면서 로마자를 기반으로 새로운 터키의 문자 표기 방법을 만들게 되었답니다. 문자의 변화와 함께 음성언어에도 변화를 가져오게 되었고, 지속적으로 문자 교육을 해서 지금은 많은 사람들이 읽고 쓸 수 있게 되었습니다.

베트남은 고유 문자가 없어서 오랫동안 우리나라처럼 한자를 빌려서 사용했습니다. 그러다 '쯔놈'이라는 베트남의 문자를 만들어서 사용했는데요. 이것은 한자에 바탕을 두고 만들어진 것입니다. 약 14세기부터 19세기에 이르는 시기에 사용되었는데, 쯔놈의 경우에도 한자처럼 글자를 익히는 데 오랜 시간이 걸리거나 어려워서 일부 지식인들만 사용했다고 알려져 있습니다. 지금은 한자를 사용하지 않고, '쯔 꾸옥 응으'라는 문자를 사용하고 있습니다. 이것은 포르투갈, 프랑스를 비롯한 외국 선교사들에 의해서 만들어졌으며, 라틴문자를 기반으로 음의 높낮이와 발음 방법을 표기한 로마자 표기법이랍니다.

몽고는 칭기즈칸의 나라로 알려져 있으며, 역사적으로도 넓은 영토를 가졌던 나라입니다. 그런데 오래전 몽고는 문자가 없어서 많은 불편을 겪었답니다. 칭기즈칸도 몽고제국을 만든 후 문자가 없어서 많은 고민을 하였고, 태자들에게 위구르 문자를 배우게 했다는 일화가 전해집니다. 위구르 문자는 서아시아에서 발달하여 이란, 소그드를 거치며 전해졌고, 이것이 다시 몽고로 이어진 것이랍니다. 몽고 문자는 위구르 문자에서 몇 가지 변화를 거치며 현재의 몽고 문자로 자리 잡게 되었답니다. 몽고는 여러 종류의 문자를 사용한 대표적인 나라인데요. 몽고 문자 이외에도 파스파 문자, 라틴 문자, 키릴 문자 등이 몽고에서 사용한 대표적인 문자입니다. 현재는 키릴 문자를 사용하는 사람이 많지만 고유의 문자를 사용하자는 목소리가 높아지면서 몽고 문자를 학생들에게 가르치고 있다고 해요.

문자언어와 음성언어는 서로 많은 영향을 주고받기 때문에, 다른 나라의 문자를 빌려서 사용하게 되면 많은 불편을 겪게 되겠죠? 우리나라 문자인 한글은 소중하고 자랑스러운 우리 문화유산이랍니다.

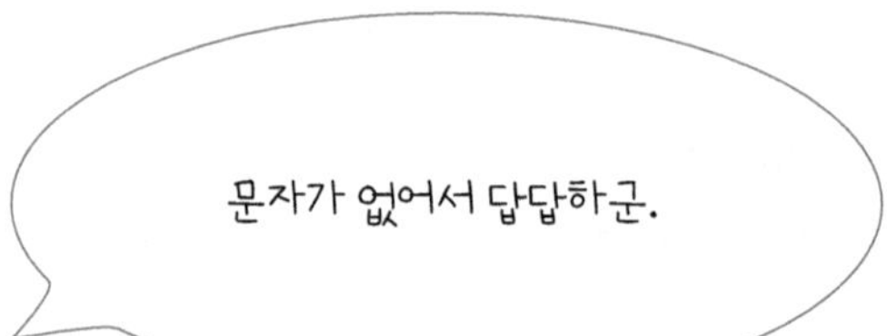

칭기즈칸

한글이라는 이름은 어떻게 만들어졌을까요?

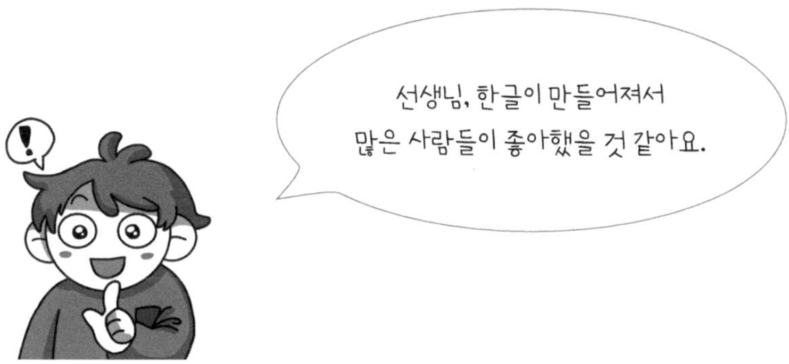

한글이 처음 만들어졌을 때 '훈민정음(訓民正音)'이라고 했어요. 이것은 백성을 가르치는 바른 소리라는 뜻이랍니다. 그런데 한글이 만들어지는 과정이나 만들어진 후 많은 사람들이 한글에 대해서 좋지 않은 생각을 가졌습니다. 왜냐하면 그 당시 양반 계층의 사람들은 한자를 많이 사용했고, 시험이나 문서도 한자로 썼기 때문이었어요. 그래서 한글을 언문(諺文), 언어(諺語), 언서(諺書) 등과 같이 속되고 좋지 않은 글자라고 낮추어 불렀답니다. 곧 신분이 낮은 사람들이 사용하는 글 또는 여자나 아이가 사용하는 글로 불렀던 것이죠. 대단히 과학적이고 체계적이며 익히기까지 쉬운 한글이었지만, 그 당시 사회적 분위기에서는 존중받기가 쉽지 않았습니다.

우리나라의 문자는 20세기로 넘어오면서 비로소 '한글'이라는 이름으로 불리기 시작하였답니다. '한글'이라는 이름은 한글학자인 주시경 선생님이 사용했다고 알려져 있는데요. 한민족의 문자이며 세계에서 가장 뛰어난 문자라는 뜻으로 붙여진 것이라 해요. 한글이라는 이름을 통해 보다 많은 사람들이 편리하게 사용하게 되었으며, 비로소 우리 민족의 자랑스러운 문화유산으로 알려지기 시작하였답니다.

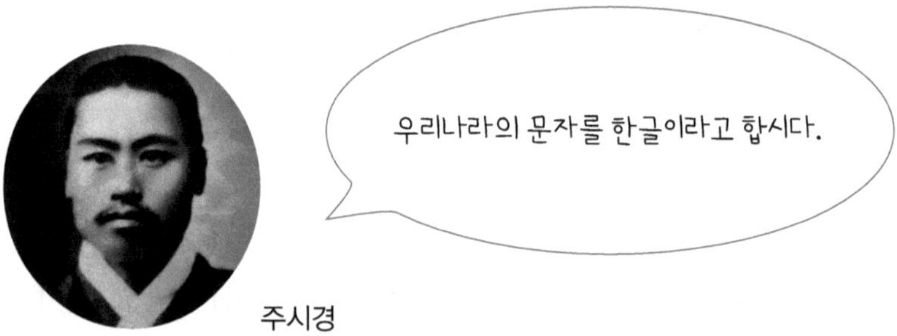

주시경

한글은 누가 만들었을까요? 누구든 문자를 만드는 과정은 결코 쉬운 일이 아니랍니다. 군주라고 해서 쉽게 문자를 만들어낼 수 있는 것도 아닙니다. 언어에 대한 전반적인 이해가 높지 않으면 소리를 분류하는 작업이 이루어지기 어렵습니다. 사실 소리를 분류하고 묶는 과정이 이루어져야 비로소 문자와 연결할 수 있기 때문에 소리에 대한 깊은 이해가 반드시 필요한 것이죠. 그런데 세종대왕은 대단히 훌륭한 언어학자였다고 알려져 있습니다. 세종실록에도 '이 달에 상감마마께서 친히 한글 스물여덟 글자를 만드셨다'고 기록되어 있으며, **음운**이라고 해서 소리에 대한 분야를 대단히 잘 이해하고 있었다고 해요. 그래서 한글 창제가 가능했던 것이죠. 물론 신숙주를 비롯한 여러 집현전 학사들도 훈민정음을 만들기 위해 많은 노력을 아끼지 않았습니다. 언어에 대한 이해가 깊은 왕과 그를 따르는 여러 사람들이 노력한 결과이지만 세종대왕이 직접 글자를 만들 수 있을 만큼의 지적인 능력을 가졌다는 것은 대단히 놀라운 사실이라고 할 수 있습니다. 우리나라에서는 한글의 우수성을 널리 알리고, 세종대왕의 뜻을 기리기 위해서 10월 9일을 한글날로 지정하고 있습니다.

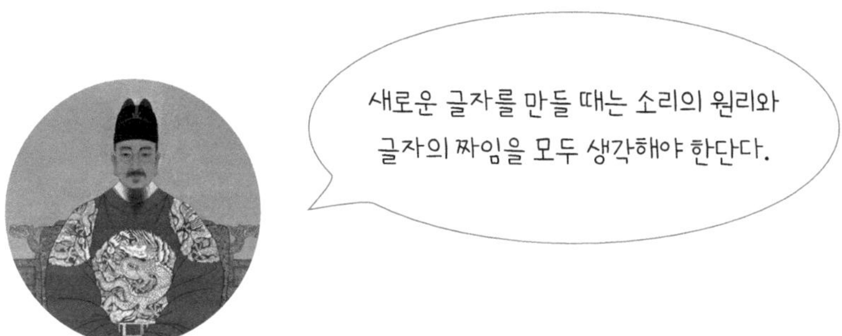

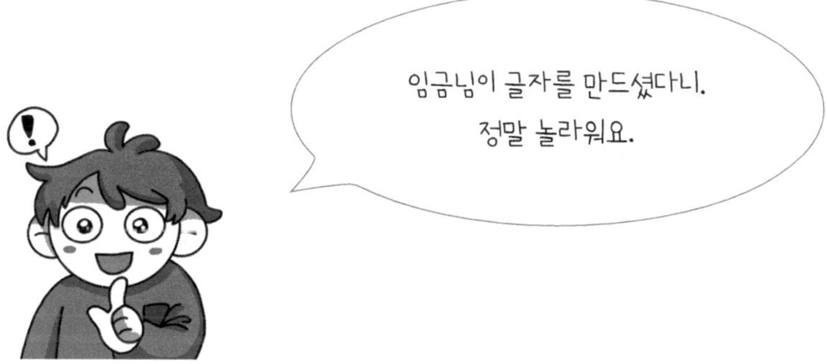

PART 3

성장과 언어 발달

우리의 성장과 언어는 어떤 관계가 있을까요?

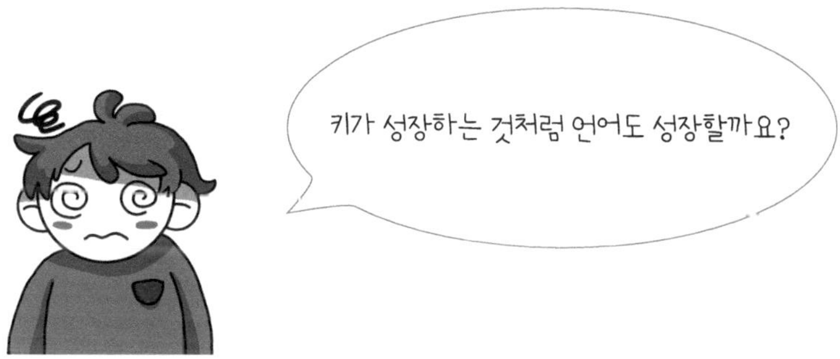

우리는 태어나 자라면서 어린이집이나 유치원도 가고 학교에도 가죠? 어른이 되면 직업을 가지고 일을 하게 되는데요. 사람들은 성장하면서 다양한 방법으로 의사소통을 하게 됩니다. 아기는 배가 고플 때 우는 것으로 엄마, 아빠에게 우유를 달라고 표현을 하고, 학생들은 직접 말을 하면서 배고프다고 표현을 하죠? '엄마, 밥 주세요.', '배고파요.', '밥 먹을 시간이에요?' 등 다양한 표현 방법으로 생각을 나타낼 수 있어요. 그런데 사람들은 몇 살이 되면 말을 할 수 있을까요?

우리나라 나이로 대략 2세~4세 사이에 말을 할 수 있게 된답니다. 처음으로 했던 말이 잘 기억나지는 않겠지만 아마 엄마와 아빠를 부르거나 배가 고프다는 뜻을 가진 말을 가장 먼저 했을 거예요. 지금은 어떤가요? 하루 종일 내가 사용했던 말 중에서 어떤 낱말을 가장 많이 사용했는지 알고 있나요?

인간의 성장과 언어의 사용에 대한 관계에 관심을 가지는 많은 사람들은 아이들이 자라면서 어떻게 언어를 익히기 되는지 연구를 하였답니다.

미국의 언어학자 블룸필드는 아이들이 태어날 때 아무것도 없는 상태이지만 경험을 통해서 언어를 익히게 된다고 말했답니다.

미국의 심리학자 스키너는 외부의 자극에 따라 아이들이 반응을 하면서 언어를 익히게 되는 것이라고 했죠.

미국의 언어학자 촘스키는 어린이가 가지고 있는 언어습득 장치를 통해서 언어를 익히게 되는 것이라고 말했답니다.

스위스의 심리학자 피아제는 사고가 발달하고 이것이 언어에 영향을 준다고 보았어요.

언어를 익히게 되는 결정적인 원인을 정확하게는 알 수 없지만 사람들만이 가지고 있는 능력이 있는 것은 분명합니다. 이것을 통해서 언어를 익히게 될 뿐만 아니라 서로의 생각과 느낌을 주고받을 수 있는 것이죠. 앞으로는 점점 더 새로운 형태의 의사소통 방법이 나타나게 되겠지만 이것조차 사람의 언어 능력에 토대를 두고 있는 것이랍니다.

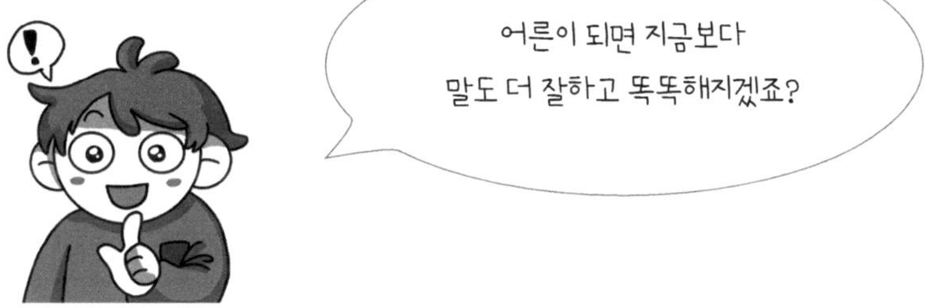

아기는 어떻게 말을 할까요?

아기들은 자신의 모국어를 들으면서 끊임없이 소리를 구별하게 된답니다. 태어나서부터 12개월 전후까지는 일반적인 언어와는 달리 현재의 상태를 나타내는 표현을 하게 됩니다. 배가 고프거나, 몸이 아프거나 혹은 불편함을 나타내기 위해 칭얼거리거나 울음으로 표현하는 것이죠. 이것은 트림이나 숨소리, 혀를 차는 것과 같은 생리적인 활동과 더불어 일어나게 된답니다. 그리고 점점 자라면서 옹알이를 하고 반복적인 소리를 내면서 표현 방법이 늘어나게 됩니다. 이것이 어느덧 '빠빠', '맘마', '까까' 등과 같은 소리로 표현되면서 자음과 모음이 조합된 음절로 표시하게 되는 것이죠.

12개월이 지난 아이들은 좀 더 구체적인 단어를 발음할 수 있게 되는데요. '아니야', '싫어', '응' 등과 같이 일반적인 단어를 표현하기 시작하는 것이죠. 이런 과정을 거치면서 언어는 점점 더 발달하게 되고 지금의 우리가 말을 하는 것처럼 의사소통을 할 수 있게 된답니다.

아기들의 말을 잘 알아듣지 못하는 이유는 발음이 정확하지 않을 뿐만 아니라 구체적인 단어나 문장으로 표현하지 못하기 때문이기도 합니다. 그래도 뱃속에서부터 사람들의 말을 듣기 시작하며 익숙한 목소리를 기억한다고 해요. 특히 아기들은 엄마의 목소리를 잘 기억하고 반응한답니다.

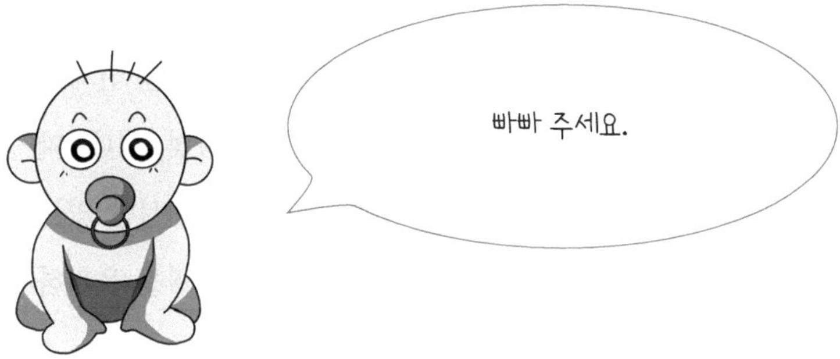

우리의 발음 기관은 어떨까요?

'바', '바', '하', '하'...... 선생님, '바'와 '하'는 말소리가 만들어지는 곳이 다른 것 같아요.

맞아요. 공기의 이동으로 말소리가 만들어지는데, 만들어지는 곳이나 방법에 따라서 조금씩 달라지는 것이죠.

발음 기관은 우리가 음성언어를 만드는 데 필요한 신체 기관을 뜻합니다. 대표적인 발음 기관은 입술, 이, 혀, 목젖, 성대, 폐 등이랍니다. 그런데 발음 기관은 말소리를 만들기 위해서만 있는 것이 아니라 우리가 숨을 쉬거나 음식을 먹는 등의 생명을 유지하기 위해서 반드시 필요한 것이기도 합니다. 곧 말소리를 만드는 데에도 필요하지만 생명을 위해서도 필요한 기관인 것이죠.

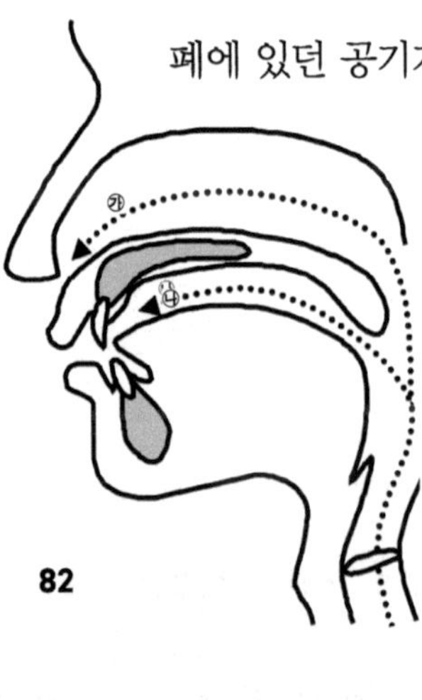

폐에 있던 공기가 성대를 지나 코(㉮)와 입(㉯)으로 이동하면서 여러 가지 방법으로 말소리가 만들어진답니다. ㉮로 이동하면서 만들어지는 소리는 코에서 만들어진다고 해서 비음(콧소리)이라고 합니다.

모음은 공기의 흐름이 막히지 않고 만들어지는 소리를 뜻하며, 혼자서도 소리를 만들 수 있다고 해서 **'홀소리'**라고도 한답니다. 발음을 할 때 입이나 혀의 모양이 변하지 않는 모음을 **단모음**이라고 하고 입이나 혀의 모양이 변하는 모음을 **이중모음**이라고 해요.

입이나 혀의 모양이 변하지 않는 모음(단모음)

ㅣ, ㅔ, ㅐ, ㅟ, ㅚ, ㅡ, ㅓ, ㅏ, ㅜ, ㅗ

입이나 혀의 모양이 변하는 모음(이중모음)

ㅘ, ㅝ, ㅙ, ㅞ, ㅑ, ㅕ, ㅛ, ㅠ, ㅒ, ㅖ, ㅢ

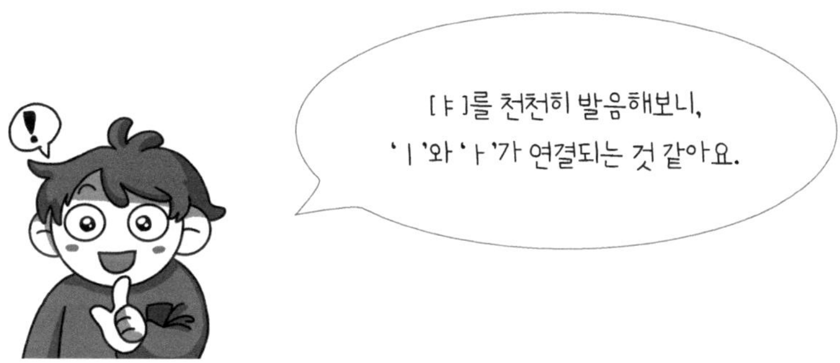

반모음

'반모음'은 모음의 성질을 반 정도만 가지고 있다고 해서 붙여진 이름이에요. 이것은 미끄러지는 것처럼 소리를 만들기 때문에 '활음'이라고도 부르는데, 다른 모음과 함께 발음되면서 이중모음을 만들 수 있답니다.

자음은 모음과는 달리 공기가 이동하는 과정에서 부딪히거나 막히면서 흐름이 방해를 받아서 만들어진다고 해서 '**닿소리**'라고도 한답니다. 공기의 흐름이 방해를 받는 위치와 방법에 따라서 자음을 분류할 수 있답니다.

- **입술:** ㅂ, ㅍ, ㅃ, ㅁ
- **윗니:** ㄷ, ㅌ, ㄸ, ㅅ, ㅆ, ㄴ, ㄹ
- **딱딱한 입천장:** ㅈ, ㅊ, ㅉ
- **물렁한 입천장:** ㄱ, ㅋ, ㄲ, ㅇ
- **후두(목):** ㅎ

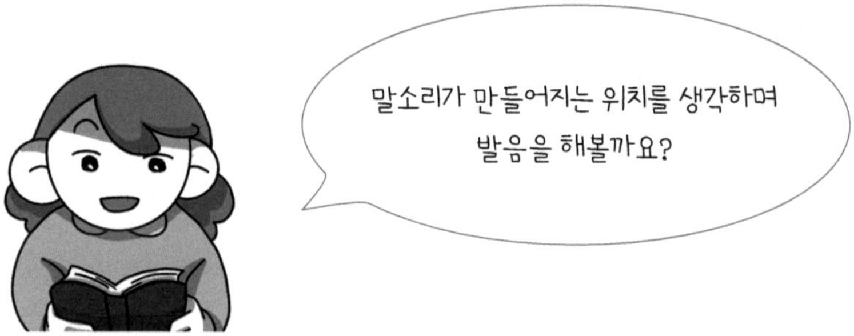

야생아는 언어를 익힐 수 있을까요?

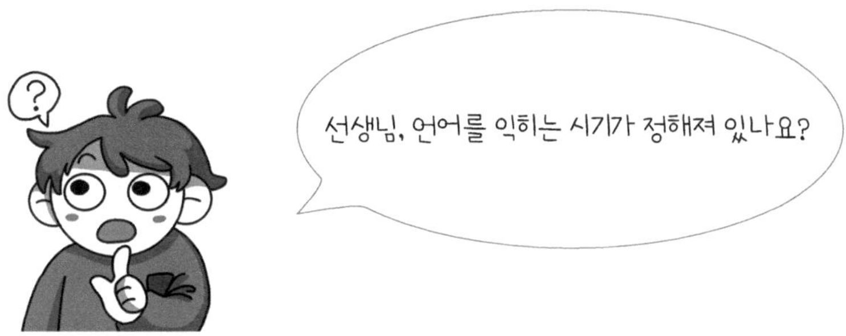

'정글북'을 읽어보았나요? 정글북은 영화로도 만들어질 만큼 유명한 이야기입니다. 이 이야기의 배경은 인도이며, 늑대 사이에서 자란 주인공 모글리가 여러 어려움을 이겨내며 사람들이 사는 마을로 돌아간다는 내용입니다. 그런데 이러한 이야기처럼 실제 동물들 사이에서 성장한 아이들이 발견된 경우도 있었답니다.

1920년 인도의 정글에서 두 소녀가 발견되었는데, 당시 늑대와 함께 생활하면서 늑대처럼 두 손을 앞발처럼 땅을 짚고 다녔답니다. 동물의 울음 소리를 내고 고기를 익히지 않은 상태로 뜯어 먹는 모습이었어요. 당시 7세와 2세로 알려진 이 두 소녀의 이름은 카말라(Kamala)와 아말라(Amala)입니다. 오랫동안 늑대와 함께 생활했

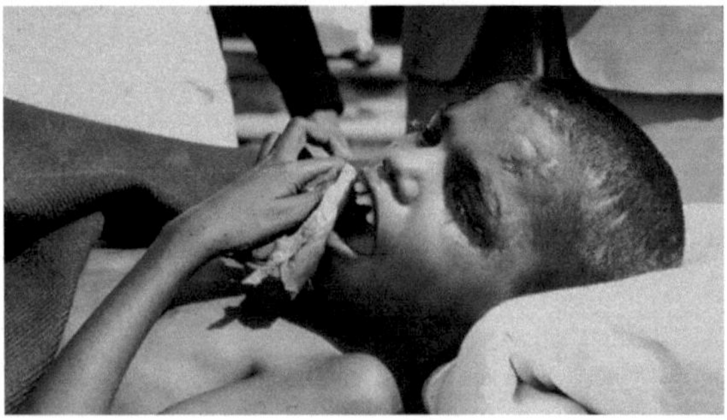 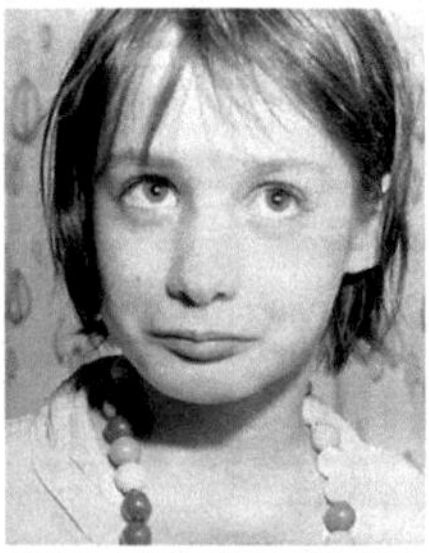

카말라(좌)와 지니(상)

던 이들은 후각과 청각이 발달해 있었고, 다른 사람들과 만나는 것을 싫어했습니다. 두 소녀에게 사람들의 생활 습관을 가르치고 언어를 가르쳤으나 그것을 익히는 것이 쉽지 않았습니다. 약 1년 후 동생 아말라가 죽음을 맞이했고, 카말라도 사람의 품으로 돌아온지 9년 후 죽음을 맞이하였습니다.

보통의 사람으로 태어났지만 다른 사람들처럼 주변의 영향을 받지 못하고 동물들 사이에서 생활하면서 동물에 가까운 행동을 하게 된 것이죠. 언니 카말라는 단어를 배우기는 했지만 유아 수준의 언어를 벗어나지 못하였답니다. 이 사례를 통해서 사람은 언어를 익히는 시기가 있으며, 이 시기 안에 사회적으로 영향을 받아야 한다는 점을 알게 되었습니다.

카말라와 아말라처럼 사람들과 어울려 살지 못하거나 야생에서 살았던 아이들을 야생아라고 부릅니다. 이처럼 언어를 익히지 못하는 사례는 또 있었습니다. 1798년 남프랑스 아베롱에서 발견된 빅터, 1996년 나이지리아에서 발견된 벨로, 1970년 미국에서 발견된 지니가 대표적인 야생아입니다. 이들도 카말라, 아말라와 같이 언어를 배웠지만 보통사람들처럼 복잡한 언어를 사용하지는 못했습니다.

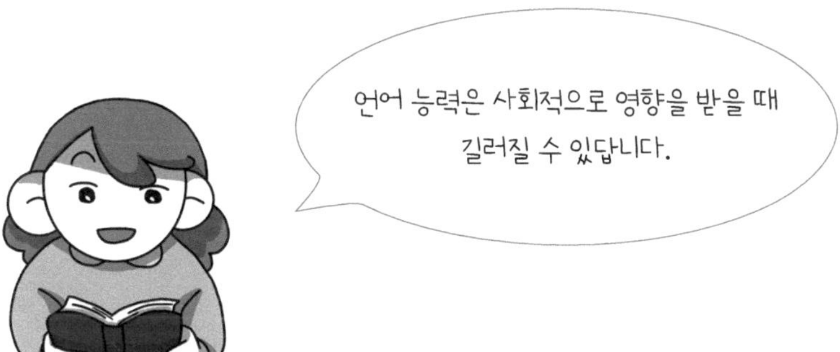

노엄 촘스키

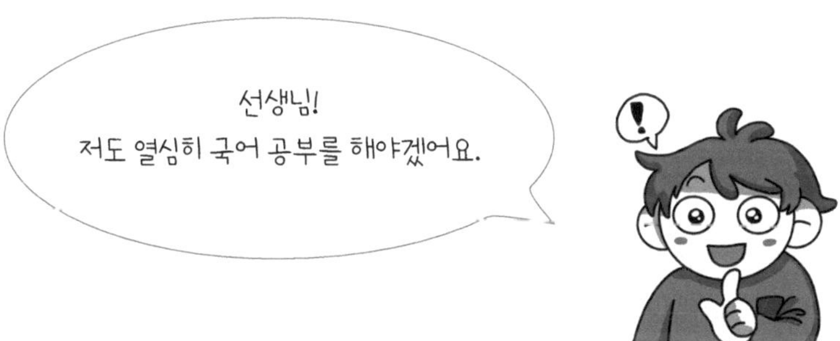

품사란 무엇일까요?

우리나라 학생들은 초등학교 1학년부터 고등학교 3학년까지 12년 동안 언어와 관련된 공부를 하게 됩니다. 대표적인 과목이 국어인데요. 국어는 듣기, 말하기, 읽기, 쓰기와 같이 표현하고 이해하는 것과 관련된 영역을 공부하기도 하고 문법이나 문학을 공부하기도 하죠?

언어를 공부하면서 가장 많이 접하게 되는 요소 중 하나가 '품사'입니다. 국어에서의 품사는 '명사, 대명사, 수사, 관형사, 부사, 감탄사, 조사, 동사, 형용사'의 9개로 나눌 수 있어요.

체언 - 명사, 대명사, 수사
수식언 - 관형사, 부사
독립언 - 감탄사
관계언 - 조사
용언 - 동사, 형용사

낱말은 여러 가지 방법으로 분류할 수도 있고, 묶을 수도 있답니다. 품사는 낱말의 문법적 역할에 따라서 분류한 것입니다. 사물의 이름을 나타내면 **명사**, 이름을 대신하여 나타내면 **대명사**, 사물의 수나 순서를 나타내면 **수사**, 체언 앞에서 뜻을 꾸미면 **관형사**, 용언을 꾸미면 **부사**, 생각이나 느낌을 나타내면 **감탄사**, 다른 말과의 관계를 나타내면 **조사**, 사물의 움직임을 나타내면 **동사**, 생김새나 모습을 나타내면 **형용사**가 되는 것이죠. 그리고 각각의 품사는 체언, 수식언, 독립언, 관계언, 용언이라는 명칭으로 다시 묶을 수도 있답니다.

낱말은 문법적인 역할 이외에도 유래나 의미로도 나누거나 묶을 수 있답니다. 우선 낱말의 유래는 그 말이 어디에서 온 것인가에 따라서 분류한 것이에요. 대표적으로 고유어, 한자어, 외래어로 나눌 수 있어요. 고유어는 순우리말 또는 토박이말이라고도 해요. 이것은 '하늘', '땅', '아버지' 등과 같이 오래전부터 우리나라에서 사용해오던 말을 뜻해요. 고유어는 우리 민족의 문화와 정서를 표현하는 말이 많아요. 일상생활에서 사용하는 여러 가지 말들이 고유어로 되어 있답니다. 한자어는 한자에 바탕을 두고 만들어진 말을 뜻해요. '단어(單語)', '강(江)', '문자(文字)' 등과 같은 말이 한자어랍니다. 한자어는 긴 말을 짧게 줄여서 사용할 수 있다는 장점이 있지만 어려운 낱말에 많이 사용되기도 한답니다. 외래어는 외국에서 들어온 말 중에서 우리가 흔히 사용하는 말을 뜻해요. '호텔', '주스', '컴퓨터', '피아노' 등이 대표적인 외래어랍니다. 요즘 새롭게 만들어지는 말에는 외래어가 많아요.

낱말을 이렇게 분류하는 이유는 좀 더 쉽게 그것을 알 수 있도록 하기 위해서입니다. 조금 딱딱하고 어려울 수도 있지만 품사는 낱말을 분류할 때 문법적인 역할에 초점을 둔 것인 만큼 각각의 기능에 관심을 가지면 어렵지 않게 알 수 있답니다.

국어는 명사, 대명사, 수사, 관형사,
부사, 감탄사, 조사, 동사, 형용사로 9품사입니다.

영어는 명사, 대명사, 부사, 전치사, 접속사, 감탄사,
동사, 형용사로 8품사랍니다. 헷갈리지 않도록 해요.

머리가 크면 언어도 학습도 잘하나요?

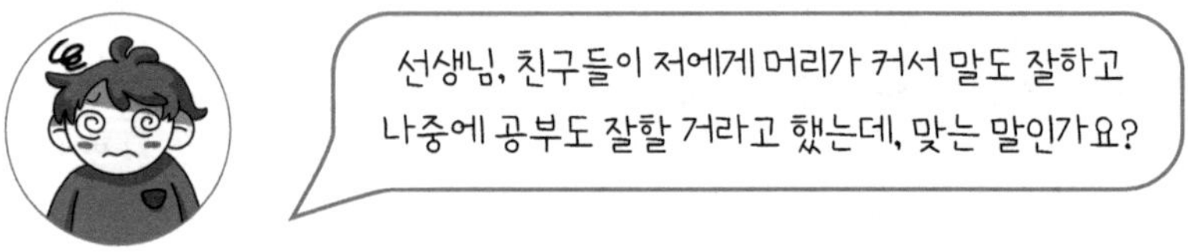

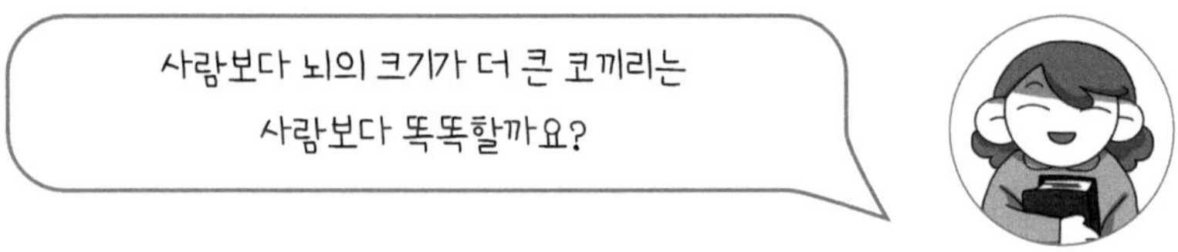

머리가 크면 뇌의 크기도 클 것이고, 그러면 더 똑똑해서 공부도 잘하고 말도 잘 할까요? 미국, 영국 등 몇몇 국가 연구자들의 연구에 의하면 사람들 중에서 머리 둘레나 상대적인 크기에 따라 지능이 높다거나 학습 능력이 뛰어나다는 연구 결과가 있었다고 하죠? 그런데 두뇌의 크기를 비교할 때에는 절대적인 크기로 비교하는 것은 바람직하지 않답니다. 사람은 토끼, 개, 고양이, 원숭이에 비해 두뇌의 크기가 크지만 코끼리, 고래와 같은 동물보다는 크기가 작습니다. 그래서 단순히 크기만으로는 비교하기가 어려워요.

그렇다면 상대적으로 사람들만 비교하면 어떤 결과가 나올까요? 우선 역사적으로 유명한 사람들의 두뇌 크기를 비교하면 될 것 같

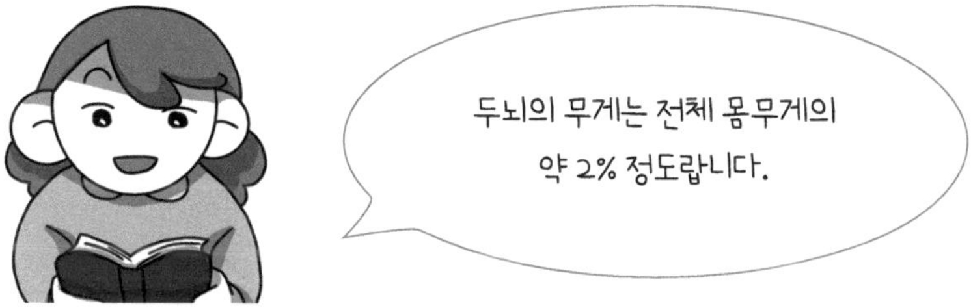

아요. 우리가 잘 알고 있는 천재 물리학자 알버트 아인슈타인(Albert Einstein)의 두뇌에 대하여 많은 사람들이 관심을 가졌답니다. 현대 물리학에 많은 영향을 준 상대성 이론을 발표하였을 뿐만 아니라 광전 효과에 대한 기여로 노벨 물리학상을 수상하며 대표적인 천재 과학자로 알려졌기 때문입니다. 그런데 아인슈타인의 두뇌는 1.23kg으로 일반인들 두뇌 무게의 평균인 1.4kg보다 크지 않았답니다.

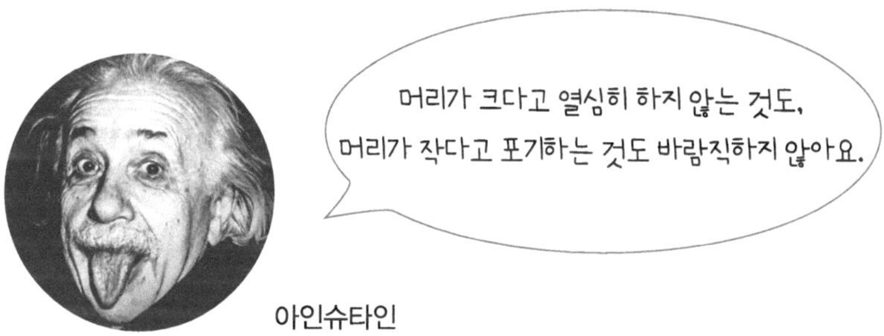

아인슈타인

두뇌의 크기와 지능은 관련이 있다고 알려져 있지만 사례에 따라서 달라질 수 있답니다. 머리에 대한 고민 때문에 공부를 포기하는 것은 바람직하지 않겠죠?

PART 4

언어와 의사소통

의사소통을 위한 새로운 언어

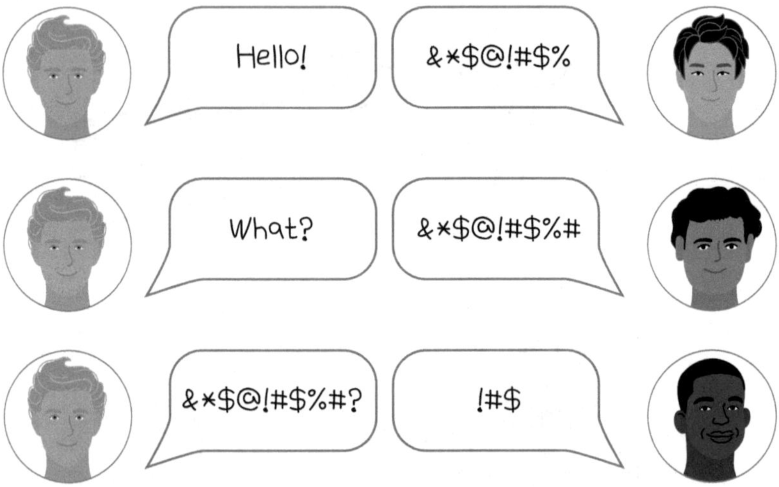

언어가 다른 나라 사람들이 처음 만났을 때에는 어떻게 의사소통을 했을까요? 오래전 유럽의 많은 나라들이 지리적인 발견을 위해 세계 여러 나라에 진출하기를 희망했습니다. 유럽 사람들은 근대국가로 발전하는 과정에서 발달된 과학 기술과 함께 선진 항해 기술을 앞세워 아시아뿐만 아니라 아메리카, 아프리카 등 여러 곳에 가게 되었습니다. 유럽의 여러 나라들이 배를 타고 다른 나라에 가서 무역을 하게 되면서 노동력이 많이 필요하게 되었고, 강제로 사람들을 데리고 와서 일을 시키기도 했습니다. 이때 서로 다른 언어를 사용하던 사람들이 모여서 원활하게 소통을 하며 일을 하기 위해서는 새로운 언어가 필요했고, 자연스럽게 여러 개의 언어가 만들어지게 되었습니다. 이렇게 소통을 위해서 만든 언어를 '피진어'라고 해요. 하와이의 사탕수수 농장에서 일하던 20세기 초의 노동자들도 이와 비슷한 언어를 사용하였는데, 이것도 피진어라고 해요. 이외에도 파푸아뉴기니, 중국 등 다양한 곳에서 여러 나라 사람들이 만나서 새로운 언어가 나타났는데, 이것은 대단히 단순한 원리와 규칙으로 이루어진 경우가 많았어요.

부모가 사용했던 피진어가 제1세대 피진어라면 이들의 자녀는 조금 더 정교한 피진어를 사용하게 되는데요. 이것을 '크레올어'라고 해요. 언어는 부모님의 영향을 많이 받기 때문에 피진어를 듣고 자란 아이들이 조금 더 복잡한 문법을 만들어 사용하게 된 것이죠.

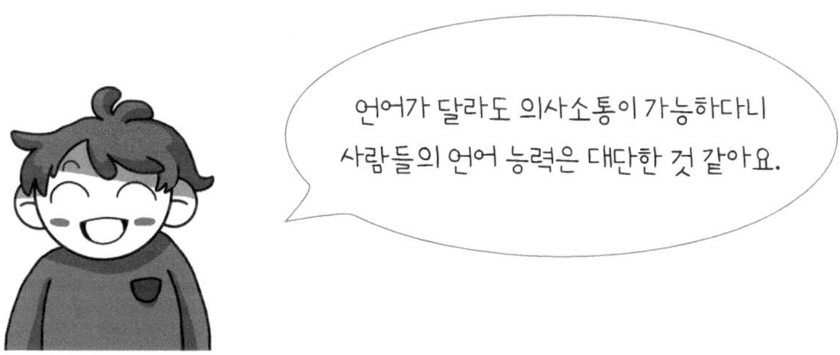

제1세대 피진어는 언어가 다른 사람들이 만나서 만들어졌기 때문에 대단히 단순하게 이루어져 있답니다. 짧은 단어와 간단한 문

법으로 문장을 만드는 것이죠. 태어나면서부터 피진어를 사용한 사람들의 언어인 크레올어는 어휘의 양도 많아지고, 문법적으로도 좀 더 복잡하게 이루어질 수 있답니다.

피진어는 공통적으로 사용할 수 있는 언어가 없는 사람들이 의사소통을 하기 위해서 생겨난 언어입니다. 피진어가 공동체의 언어로 굳어지면 크레올어가 됩니다.

음성과 문자 이외의 언어도 있을까요?

의사소통은 음성언어, 문자언어 이외에 다른 것을 통해서 이루어지기도 해요. 손짓, 몸짓, 표정 등이 바로 의사소통을 하는 데 대단히 중요한 역할을 한답니다. 이처럼 언어가 아닌 것으로 소통하는 표현을 비언어적 표현이라고 해요. **비언어적 표현**이란 표정, 자세, 동작, 옷차림, 시선 등을 통해 표현하는 것을 말합니다. 예를 들어 상대방을 설득할 때 표정 없이 말하는 것보다 웃으며 온화한 표정을 짓는 것이 더욱 효과적이겠죠? 이처럼 비언어적 표현은 바로 언어 외적인 의사소통 방법을 말하는 것이랍니다.

이 중에서도 손짓으로 표현하는 방법은 간단하면서도 쉽게 그 뜻을 알 수 있어서 많이 사용하는 의사소통 방법인데요. 나라마다 조금씩 손짓의 뜻이 달라지기 때문에 주의를 기울여야 한답니다.

검지와 중지로 V를 그리는 손짓은 우리나라에서 대체로 좋은 뜻을 가지고 있지만 다른 나라에서는 나쁜 뜻이 되기도 해요. 영국, 호주, 뉴질랜드에서는 욕설을 나타내는 표현이 될 수 있어요. 그리고 엄지를 위로 치켜 올리는 손짓은 우리나라에서 최고라는 뜻이지만 영국, 호주, 뉴질랜드에서는 지나가는 자동차를 세울 때 많이 사용하고, 유럽에서는 비웃음이나 비꼬는 것을 나타내기도 해요. 또 엄지와 검지를 동그랗게 마는 손짓은 우리나라에서 긍정 또는 알았다는 뜻이지만 아랍에서는 욕설을, 프랑스에서는 없거나 부족하다라는 뜻을 나타내고, 중국에서는 숫자 3을 나타낼 때 쓰기도 해요. 그리고 새끼 손가락만 올리는 손짓은 우리나라에서는 애교 표현이지만 미국, 영국 등에서는 상대를 무시하는 표현으로 이해할 수도 있습니다. 손짓으로 자신의 뜻을 표현하고자 할 때 그 나라의 문화를 모른다면 오해가 생길 수도 있겠죠?

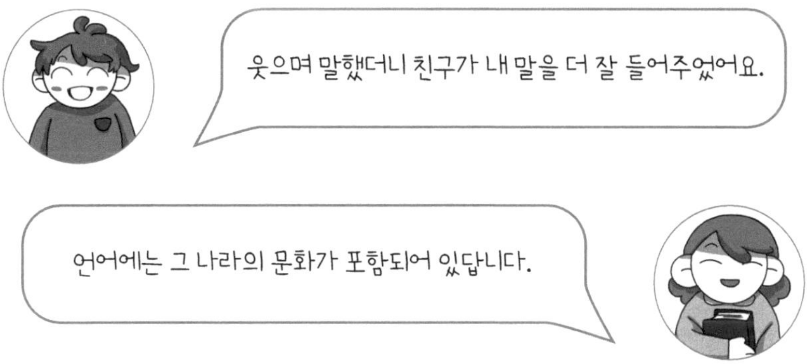

기분 좋게 만드는 말이란 무엇일까요?

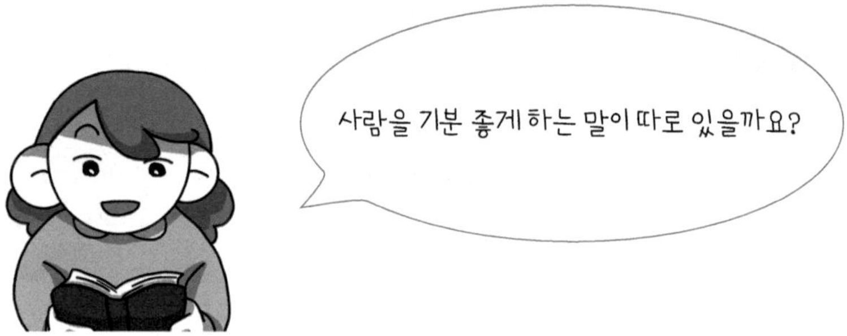

가족이나 친구와 대화를 할 때 어떤 말을 들으면 기분이 좋아지나요? 아마도 '잘했어', '좋아', '멋져', '괜찮아'와 같은 말을 들으면 마음이 좀 더 가볍고 흐뭇해질 것 같아요. 반대로 '싫어', '절대 안 돼', '할 수 없어'와 같은 말을 들으면 마음이 무겁고 기분이 좋지 않을 것 같아요. 칭찬과 격려는 항상 다른 사람을 기분 좋게 만드는데, 우리는 왜 칭찬과 격려를 많이 하지 않을까요? 이것은 여러 가지 이유가 있겠지만 상대방을 인정하는 것이 나의 존재를 부족하게 만드는 것이 아닐까하는 생각 때문이기도 하답니다. 상대를 칭찬한다는 것이 자신을 낮추는 것으로 생각할 수도 있다는 것이기 때문에 상대에게 자신을 좀 더 돋보이기 위해, '이렇게 해야 해', '이것은 조금 고쳤으면 좋겠어', '나쁘지는 않네'와 같이 말하게 되는 것이죠.

언어는 사용하는 장소나 환경에 따라서 조금씩 달라져야 한답니다. 예를 들어 친구들과 어울릴 때 사용하는 말투와 어휘를 공식적인 발표 자리에서 그대로 사용하면 안 됩니다.

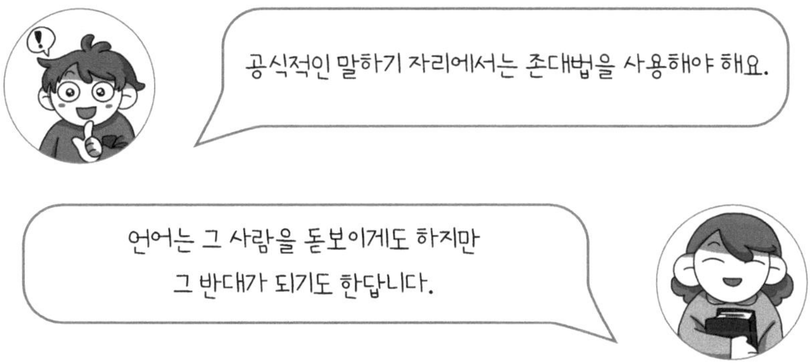

친구들과 사용하는 말 중에는 줄임말이 많죠? 조금 속되게 이르거나 거친 표현도 있는데요. 이런 말들이 공공연하게 사용되는 이유는 다음의 몇 가지에서 찾아볼 수 있습니다.

! 첫째, 언어를 통해서 재미를 찾기 위해서 사용해요.
! 둘째, 친구들과 어울리기 위해서 사용해요.
! 셋째, 자신의 감정을 표출하기 위해서 사용해요.

평소 언어 습관을 바르게 할 때, 공식적인 말하기에서도 자연스럽게 교양 있는 언어가 나올 수 있습니다.

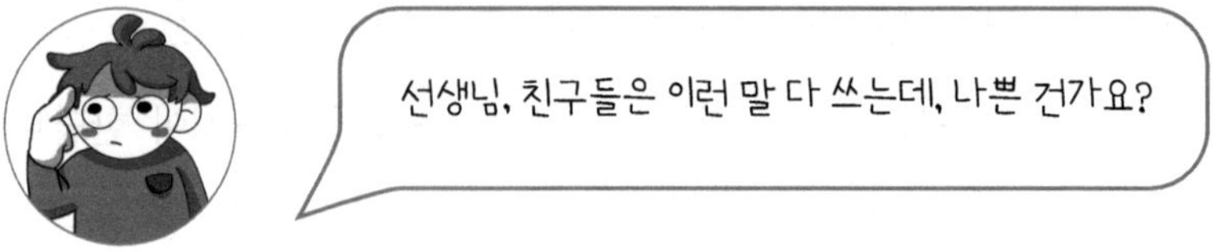

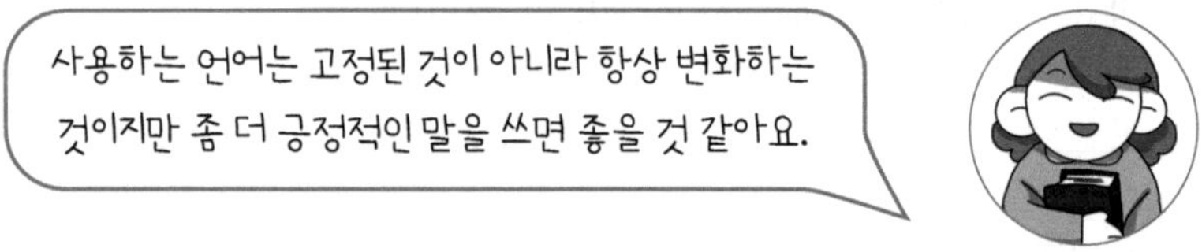

! 존대법

다른 사람을 높여서 말하는 것으로 경어법이라고도 합니다.

언어로 문제를 해결할 수 있을까요?

993년 10월, 고려 6대왕 성종(재위 981~997) 시대에 거란군 총사령관 소손녕은 자신을 큰 나라의 귀인이라고 스스로 칭하며 서희에게 큰 절을 하고 맞이하기를 요구하였으나 고려 대신 서희는 이를 거절하였답니다. 이후 소손녕과 서희는 회담을 시작하였는데, 소손녕은 고려가 거란의 땅을 차지하고 있는 것과 거란을 따르지 않는 것에 대하여 언급하였어요. 서희는 이에 고려가 고구려의 후예라는 점을 들어 영토의 문제를 해결하였고, 거란과 송나라의 관계를 꿰뚫고 담판을 짓게 됩니다. 이에 강동 6주를 돌려받고 고려의 행정구역에 편입하게 되는 성과를 거두었습니다. 이것은 상대방의 의도와 목적을 바르게 이해하고 현명하게 대화를 통해 문제를 해결한 역사적 사건 중 하나로 잘 알려져 있습니다.

만약 서희가 소손녕과 회담을 통해 담판을 짓지 않았다면 전쟁으로 인해 더욱 큰 피해를 입게 되었겠죠? 서희의 담판은 아주 좋은 협상으로 오랫동안 기억되고 있습니다.

협상은 어떤 목적에 알맞게 결정하기 위해 두 명 이상이 모여서 의논하는 것을 말합니다. 일반적으로 협상을 한다는 것은 갈등이 있다거나 서로가 추구하는 이익이 다른 경우가 될 수 있습니다. 또한 혼자서는 원하는 것을 이룰 수 없는 경우에 하는 의사소통 방법입니다. 협상을 위한 방법은 비교적 자유롭지만 협상을 위한 문제(의제)를 확인하고 서로의 차이점을 알고, 각자의 제안을 통해 조건을 제시한 후 합의에 이르게 됩니다. 이 과정에서 서로의 조건을 받아들이지 못하게 되면 다시 처음의 과정으로 돌아가서 협상을 진행하게 된답니다.

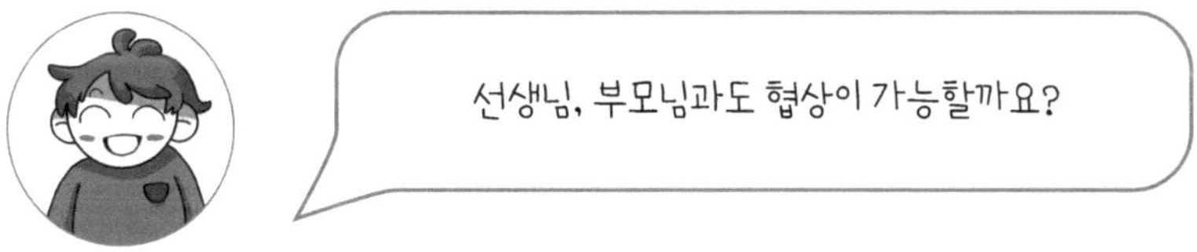

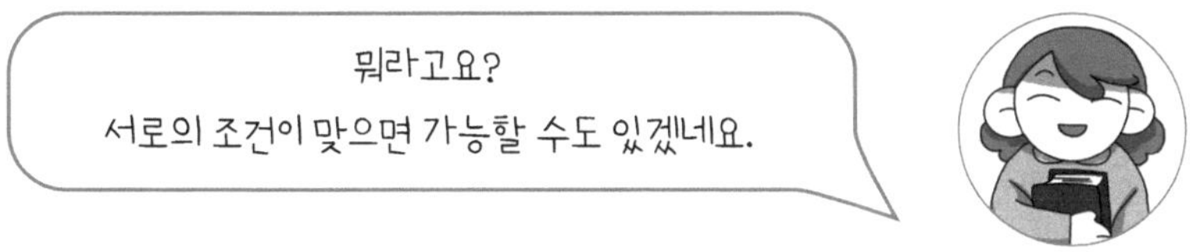

토의 · 토론을 알아볼까요?

대화로 문제를 해결하는 데 협상 말고는 없나요?

공동의 문제를 해결하기 위해
가장 많이 사용되는 것은 토의 · 토론이랍니다.

토의와 토론요?

어떤 문제에 대해 의견을 나누는 것을 말해요.

어떻게 하는 것인가요?

토의, 토론에는 절차가 있답니다. 잘 보세요.

토의와 토론은 어떤 문제에 대한 의견을 나누고 이것을 통해 해결 방법을 찾거나 상대를 설득하기 위해서 하는 의사소통 방법이랍니다. 그런데 토의와 토론은 목적과 방법이 조금 다르답니다. **토의**는 어떤 문제를 알고 그것을 해결하기 위해 정보나 의견을 교환하면서 문제 해결 방법을 찾아가는 과정으로 비교적 자유롭게 이야기할 수 있으며, 주장이 다를 수도 있지만 같은 사람이 여러 명 있을 수도 있답니다. 이것과는 달리 **토론**은 선택이나 가치 판단이 필요한 문제를 다루고 주장과 설득을 통해서 상대방과 의견을 나누는 것을 말해요. 상대방과 의견이 다르다는 점에서 시작하기 때문에 반드시 규칙을 지켜야 의사소통이 가능하답니다. 자신의 주장만 옳은 것이 아니고 사람의 생각은 달라질 수 있기 때문에 토의·토론을 통해서 생각의 변화가 나타날 수도 있답니다.

토의 주제 정하기 — 의견 마련하기 — 근거 자료 모으기 — 의견 나누기 — 해결 방법 선택하기

토의의 순서

효과적인 토의가 이루어지기 위해서는 토의 주제를 바르게 선정하는 것이 중요합니다. 토의 주제를 정하는 것은 주어진 문제를 알고 그것을 해결하기 위한 방법을 찾기 위한 토대가 되기 때문입니다.

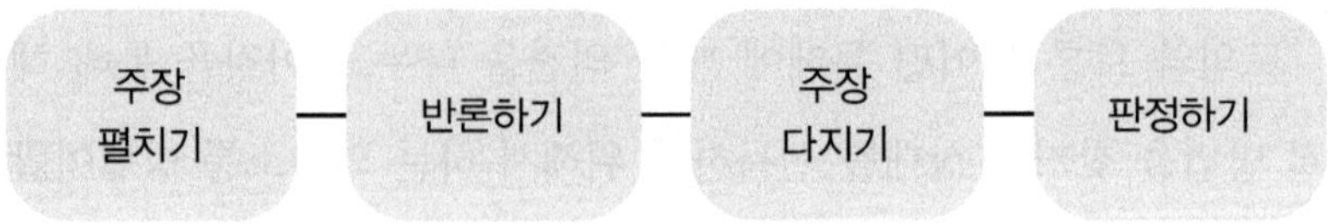

토론의 순서

토론은 해결 방법을 어느 정도 알고 있기 때문에 그것을 상대방에게 설득하는 데 중점을 주는 활동이라고 할 수 있습니다. 토론 과정에서 자신의 의견을 강요하거나 상대방을 제압하는 것이 목적이 아니라 공감을 통해 서로에 대하여 이해를 할 수 있는 계기를 마련하는 것이 중요합니다. 또한 이 과정에서 자신의 의견을 체계적으로 정리할 수 있는 기회가 되기도 한답니다.

언어의 변화와 미래의 모습을 알아볼까요?

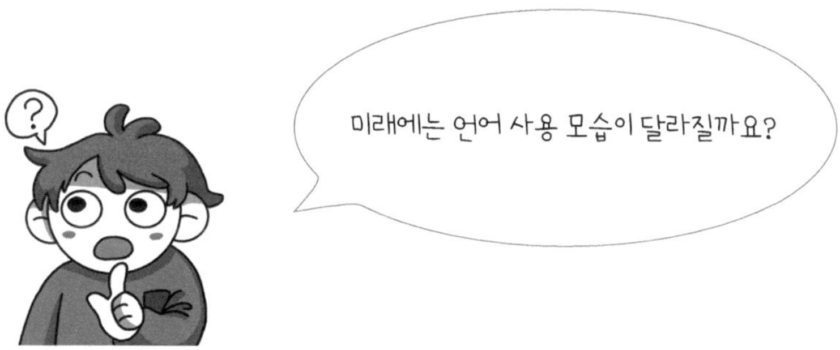

예전에는 직접 만나서 대화를 하거나 혹은 편지를 써서 자신의 생각과 느낌을 드러냈지만 요즘에는 휴대전화, 태블릿 PC, 컴퓨터 등 다양한 디지털 기기를 통해서 서로의 생각을 표현하고 이해해요. 그래서 문자로 쓰는 언어라고 해도 직접 대화를 하는 것처럼 할 수 있답니다. 요즘에는 글자를 읽어주거나 음성언어를 문자언어로 바꾸어주기도 하는 여러 가지 기술이 등장했어요.

아주 오래전 종이를 발명하기 전에는 나뭇가지, 돌, 흙, 짐승의 뼈, 기와, 가죽 등에 글을 썼어요. 그런데 이 중에서는 구하기 쉽지 않은 것도 있고, 글을 쓰기에 어려운 것도 있어서 많은 사람들이 문자를 새기지는 못했어요. 종이와 비슷한 것으로 이집트에서 사용했던 파피루스가 있었는데요. 이것은 물가에 자라는 식물로 줄기 섬유를 얽은 후 그 위에 글자를 쓴 것이랍니다. 지금 우리가 많이 사용하고 있는 종이는 중국 후한 시대의 채륜이 발명한 것으로 알려져 있답니다. 종이는 다른 도구에 비해서 글자를 남기고 보관하는데 대단히 큰 장점을 지니고 있어요. 돌이나 가죽에 비해서 가볍기도 하고 글자를 쓰기도 쉬워서 많은 사람들이 사용할 수 있게 된 것이죠. 종이의 발명으로 많은 사람들이 문자로 자신의 생각과 느낌을 남길 수 있었으며, 역사적인 여러 사건도 기록으로 남길 수 있었답니다. 그런데 종이도 처음부터 누구나 사용할 수 있었던 것은 아니었어요. 왕족이나 양반 계층에서 사용할 수 있었으며, 책으로 정보를 찾는 것도 쉽지 않았습니다. 그러다 인쇄술의 발달로 인하여 대량 인쇄가 가능해지고 누구나 종이책을 쉽게 만날 수 있게 되었답니다.

그런데 언젠가부터 독서를 할 때 종이책 이외에 다양한 형태의 책이 나타나게 되었어요. 대표적인 것이 바로 전자책이에요. 전자책은 디지털 단말기에 책의 정보를 저장하거나 실시간으로 연결하여 읽을 수 있도록 만든 것을 말해요. e-북, 디지털북이라고 부른답니다. 디지털 단말기만 있으면 언제, 어디에서나 책을 읽을 수도 있고, 음성언어로 읽어주는 책의 내용을 들을 수도 있습니다. 그리고 손쉽게 책에 대한 정보를 찾거나 교환할 수 있어서 편리하게 독서를 즐길 수 있게 된 것이죠. 그렇다면 종이책은 어떻게 될까요? 전자책의 보급으로 인하여 종이책이 사라질까요? 종이책에 대한 사람들의 생각은 다음의 세 가지로 정리할 수 있어요.

! 첫째, 종이책은 앞으로 사라질 것이다.

정보통신의 발달과 디지털 매체의 사용이 늘어나고 있는 사회적 변화를 생각해보면 들고 다니기 무거울 뿐만 아니라 훼손될 수도 있는 종이책은 사라질 것이라고 생각하는 것이죠.

! 둘째, 종이책은 오랫동안 사용될 것이다.

디지털 단말기로 읽을 수 있는 전자책은 편리하지만 화면의 빛으로 인하여 눈에 피로를 가져올 뿐만 아니라 종이책보다 집중하여 읽기 어렵습니다. 그래서 종이책은 사라지지 않고 지금처럼 사용될 것이라는 생각입니다.

! 셋째, 종이책과 전자책은 같이 사용될 것이다.

종이책과 전자책은 각각의 장점을 가지고 있어서 서로 보완하는 관계를 가지며 사용될 것이라고 보는 것입니다. 현재의 모습을 보면 책을 읽는 목적이나 책의 종류에 따라서 사용하는 책이 달라지는 것을 볼 수 있는데, 앞으로도 이렇게 사용될 것이라는 생각입니다.

앞으로는 지금과는 달리 더욱 새로운 형태의 책이 나타날 수도 있겠죠? 미래 사회의 변화 과정을 정확하게 예측할 수는 없겠지만 과학기술의 발달과 함께 책에도 변화가 나타날 수 있다는 것은 알 수 있답니다.

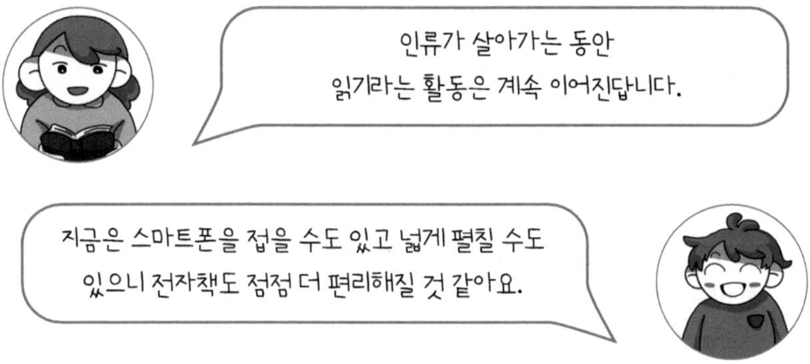

새로운 언어가 나타날까요?

과학기술의 발달과 통신 매체의 변화는 언어를 사용하는 방법에도 변화를 가져왔습니다. 1990년대 이전에는 편지와 같이 손으로 직접 글을 써서 자신의 생각을 전달하거나, 친구 집에 전화를 해서 대화를 하는 일이 평범한 일상의 모습이었죠. 그러다 본격적으로 1990년 후반부터 휴대전화가 일반화되면서 언제 어디서나 쉽게 여러 사람들과 의사소통을 할 수 있게 되었어요. 그래서 정보를 빠르게 전달할 수도 있고, 생각과 느낌을 쉽게 나눌 수도 있게 되었답니다. 그러다 2000년대에 들어오면서부터 휴대전화의 또 다른 변화가 나타났는데요. 바로 스마트폰이랍니다. 우리는 일상생활에서 스마트폰으로 뉴스를 접하거나 새로운 자료를 검색하는 등 정보를 쉽게 수집할 수 있게 되었어요. 또한 사진이나 영상을 촬영하거나 하루 동안 걸었던 걸음의 수를 파악하며 건강을 점검할 수도 있게 되었답니다. 통신 수단의 발달로 인해 대화를 할 때에도 소리, 영상, 기호 등 다양한 방법으로 의사소통을 할 수 있게 된 것이죠.

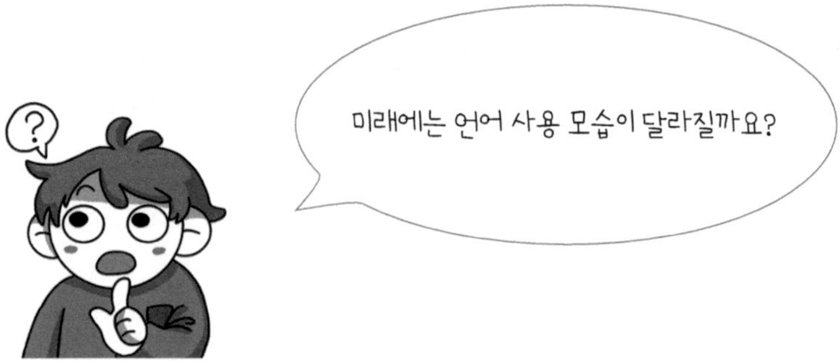

예를 들어 스마트폰으로 주고받는 메시지는 짧은 시간에 생각을 전달하려는 특성이 있답니다. 이 결과로 많은 말을 줄여서 사용하고 있죠? 우리는 낱자로 여러 뜻을 전달하기도 하고 이것을 쉽게 이해하기도 해요.

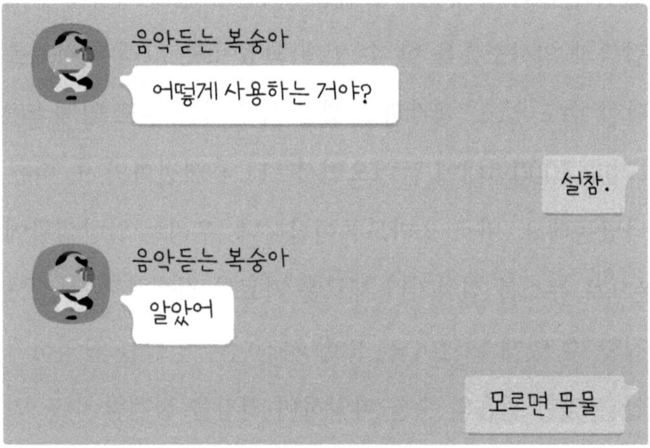

설참–설명 참조, 무물–무엇이든 물어보세요.

언어를 쉽고 빠르게 사용하려고 하는 것을 언어의 경제성이라고 부를 수 있어요. 이것은 최소한의 표현으로 생각이나 느낌을 전달하려고 하는 의도에서 나타난 것이랍니다. 그런데 단어나 짧은 문장으로 자신의 감정을 드러내는 것은 쉽지 않답니다. 그래서 나타난 것이 여러 가지 기호로 메시지에 의도를 담는 것이랍니다.

제한적인 문자 메시지에서 감정을 드러낼 수 있도록 다양한 기호를 사용하게 되었는데, 대표적인 것이 바로 이모티콘(emoticon)이랍니다. 이모티콘은 감정을 드러낸다는 점에서 감정이라는 뜻의 '이모션(emotion)'과 문자나 그림을 나타내는 기호라는 뜻의 '아이콘(icon)'을 합쳐서 만든 말이랍니다. 컴퓨터 자판이나 스마트폰 자판의 기호로 나타내는데, 문장에서 감정을 드러내기 위해서 사용된답니다.

- 기쁨: ^^ ^0^ :D
- 슬픔: ㅜㅜ ㅠㅠ
- 부끄러움: *^^*
- 불만, 표정: ㅡ ㅡ ㅡ.ㅡ

문자언어(글말)로 표현할 때에는 주로 문장부호를 통해서 의도나 생각을 담았는데요. 이모티콘은 전달하는 사람의 의도나 감정을 담고 싶어서 사용한답니다.

여러 종류의 언어를 사용하는 나라도 있을까요?

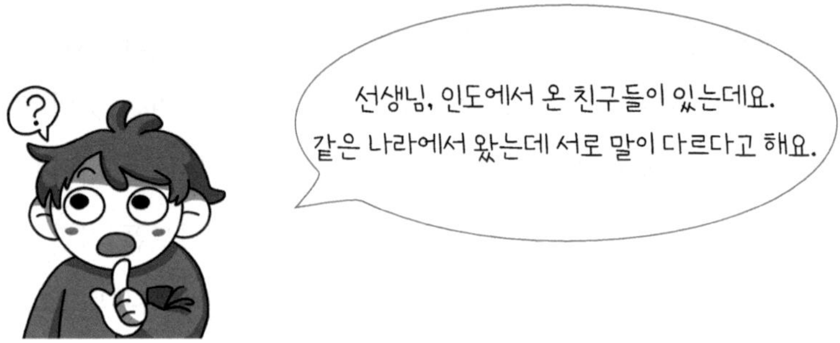

우리나라에서 사용하는 언어를 국어 또는 한국어라고 하죠? 서울에서부터 제주도까지 여러 곳에 사는 사람들이 모두 의사소통을 하는 데 어려움을 겪지 않는 이유는 모두 같은 언어를 사용하기 때문이랍니다. 같은 나라 사람들끼리도 대화가 잘 되지 않는 나라가 있는데요. 이 나라 사람들은 지역에 따라 서로 다른 언어를 가지고 있기 때문입니다. 대표적인 나라가 인도, 필리핀, 중국 등이 있어요. 이 중에서 인도는 인구가 13억 명 이상이 되고 약 328만㎢의 세계에서 일곱 번째로 큰 면적을 가진 나라예요. 면적이 큰 만큼 여러 혈통을 가진 사람들이 오랫동안 더불어 살았고, 주변의 여러 국가에도 영향을 받아 다양한 언어와 문화가 자리잡게 되었답니다. 북쪽으로는 히말라야 산맥이 있고 남쪽으로는 스리랑카와 인도양이 자리하고 있답니다. 여러 지역의 사람들이 서로 소통을 하기 위해서 공용어를 사용하고 있는데요. 이것은 주로 영어와 힌디어랍니다. 그렇지만 영어나 힌디어와 같은 공용어를 사용하지 못하는 사람들도 많이 있답니다.

여러 종류의 언어를 사용하는 나라는 문자도 여러 종류를 사용하고 있습니다. 인도에서 사용하는 힌디어를 표기할 때에는 데바나가리 문자를 공식적으로 사용하고 있습니다.

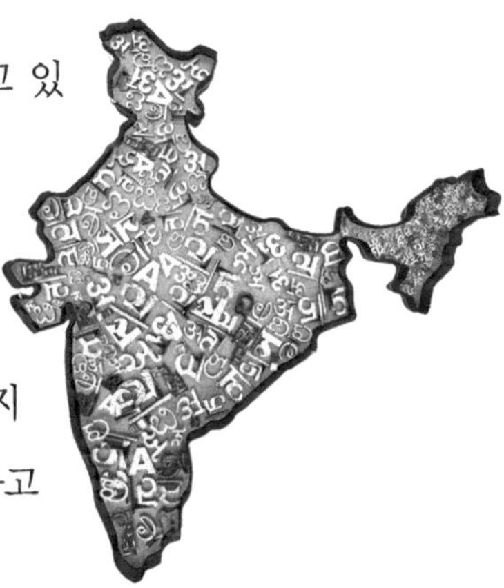

필리핀도 오래전에는 고유의 문자를 가지고 있었지만 지금은 공용어인 영어나 타갈로그어를 표기할 때 로마자를 사용하고 있습니다.

중국도 여러 민족으로 이루어진 국가입니다. 대부분 중국어를 사용하고 있지만 일부 지역에서는 여전히 소수 민족의 언어를 사용하고 있습니다.

힌디어

인도의 북부 여러 주에서 가장 많이 사용하고 있는 언어로, 영어와 함께 인도 공용어입니다. 인도 이외에도 네팔, 파키스탄, 피지에서도 사용하는 사람이 있습니다.

타갈로그어

필리핀의 마닐라를 중심으로 하는 루손섬 중부, 민도로섬 등지에 분포한 타갈로그족의 언어로 1939년에 필리핀의 공용어가 되었습니다.

우리나라 사람도 말이 다른가요?

'아주라, 아주라.'
선생님, 야구장에 갔더니 이런 말을 많이 들었어요.

아, 그 말은 '아이에게 주어라.'라는 뜻을 가진 말이에요.
지역 방언이랍니다.

! 수수깡 - 속꼬개(양양), 수수깽이(충주), 쑤씨깡(보성), 깍때기(상주), 쑤시쑥(산청)

! 부추 - 분추(원주), 정구지(대전, 창원), 새우리(서귀포)

같은 대상을 가리키지만 사람에 따라 조금씩 말이 달라지기도 합니다. 우리나라는 큰 강과 높은 산맥이 어우러진 국토를 가지고 있습니다. 교통이 발달하기 이전에는 거리상으로는 가깝지만 산과 강으로 인하여 만나지 못하는 사람들도 많이 있었답니다. 그 결과 조금씩 사용하는 언어가 달라서 그 지역만의 언어가 나타나게 된 것이죠. 이것을 '방언'이라고 합니다.

언어학적 관점에서 보면 방언은 크게 두 가지로 나눌 수 있는데요. 하나는 사회 방언이고 다른 하나는 지역 방언이에요. 사회 방언은 성별, 연령, 계층, 인종, 종교 등으로 인하여 나타난 방언을 뜻하고, 지역 방언은 산, 강, 바다 등과 같은 지리적 여건에 의해서 나타난 방언을 뜻해요. 지역 방언은 다른 말로 사투리라고도 하는데요. 인근 지역의 방언이 대체로 비슷하지만 생활권이 다를 경우에는 가까워도 사용하는 말이 다를 수도 있답니다.

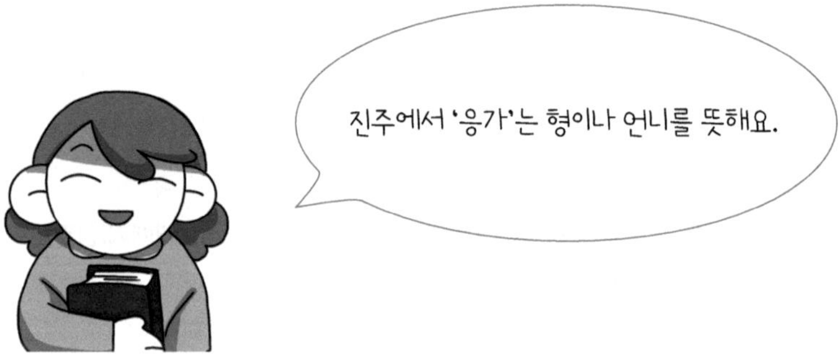

서로 다른 지역에서 생활을 하면서 의사소통에 어려움을 겪게 되는 걱정을 줄이기 위해 〈표준어 규정〉을 제정하였어요. 표준어 규정의 제1항을 살펴보면 무엇을 표준어로 정하고 있는지 알 수 있답니다.

> ❗ **제1항 표준어는 교양 있는 사람들이 두루 쓰는 현대 서울말로 정함을 원칙으로 한다.**

서울말이 표준어라고 생각하는 사람들이 많죠? 사실 서울에 살아도 태어난 곳이나 성장한 곳이 달라서 표준어에는 가깝지만 사용하는 말투나 억양이 다르기도 하죠? 그래서 제1항과 같이 정하고 있답니다. '교양 있는', '두루 쓰는', '현대', '서울말'이라고 말이죠. 그런데 지역 방언이던 낱말이 때로는 표준어로 인정을 받기도 하는데요. 이것은 원래 지역 방언이던 낱말이 널리 알려지거나 여러 사람들이 사용하게 되면서 표준어처럼 사용되었기 때문인데요. 대표적인 낱말이 바로 '멍게'입니다. '멍게'를 뜻하는 '우렁쉥이'가 표준어였지만 지금은 둘 다 표준어로 인정받고 있어요.

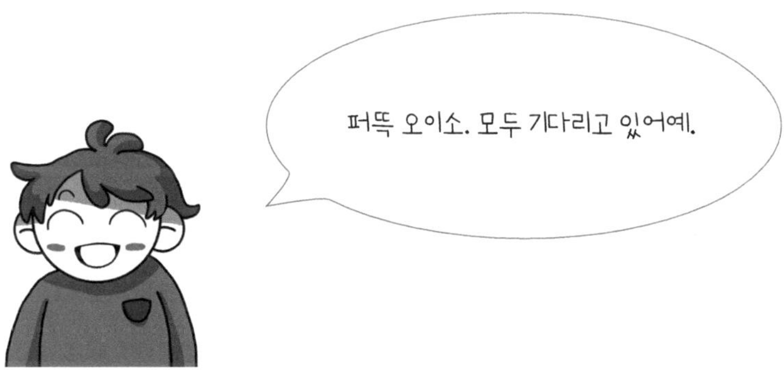

학교에서는 지역 방언에 대하여 자세하게 공부하지 않고 표준어

를 익히는 데 관심을 가지고 있지만 언어의 변화와 역사를 이해하기 위해서는 방언에도 관심을 가질 필요가 있답니다. 지역 방언은 언어의 변화 과정과 지역 문화를 이해하는 데 대단히 가치 있는 문화유산인 것이죠.

나라 이름이 붙은 언어

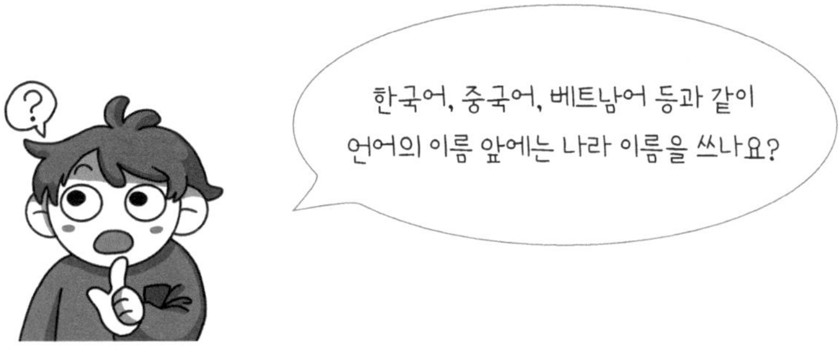

대한민국 사람들이 사용하는 말을 한국어라고 하듯 다른 나라에도 그 나라의 이름을 붙여서 그 나라 사람들이 사용하는 언어의 이름이 정해집니다. 예를 들어 중국 사람들이 사용하는 언어는 중국어가 되고, 베트남 사람들이 사용하는 말은 베트남어가 되는 것이죠. 나라의 이름이 들어가지 않으면 그것을 주로 사용하는 지역의 이름이 붙여지게 되는데요. 언어의 이름은 언어를 연구하거나 익히는 데 대단히 중요한 기준이 되기도 합니다.

언어의 이름이 절대적으로 정해진 것 같지만 사실 나라를 구성하는가에 따라서 언어의 이름이 달라지기도 합니다. 예를 들어 스웨덴, 노르웨이, 덴마크 사람들은 조금만 주의를 기울이면 서로 의사소통이 가능하지만 각각의 나라 이름을 붙여서 스웨덴어, 노르웨이어, 덴마크어라고 하는 것이죠. 만일 이 세 나라가 있는 스칸디나비아 반도에 하나의 나라만 있었다면, 아마 이 세 언어를 다른 이름으로 불렀을 수도 있었겠죠?

언어의 이름은 나라의 독립과도 관련이 있답니다. 언어학자들은 크로아티아어, 보스니아어, 세르비아어, 몬테네그로어를 같은 언어로 생각합니다. 그렇지만 국가의 분리로 인하여 이름이 달라지게 되었답니다. 1929년부터 2003년까지 유고슬라비아라는 이름의 연방 국가가 있었는데 여러 가지의 정치·문화적 이유로 인하여 지금은 크로아티아, 보스니아 헤르체고비나, 슬로베니아, 세르비아, 몬테네그로, 북마케도니아로 분리되어 각각의 나라가 되었답니다. 같은 나라로 있을 때 이 지역에서 사용하는 언어를 세르보크로아티아어라고 했답니다. 그렇지만 지금은 각 나라의 이름을 붙인 언어로 이름이 달라지게 된 것이죠.

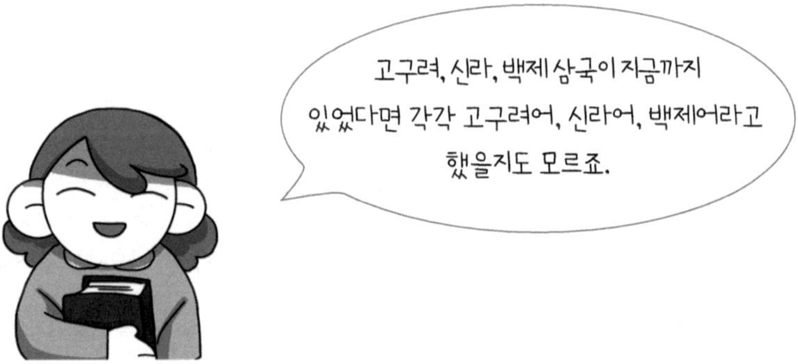

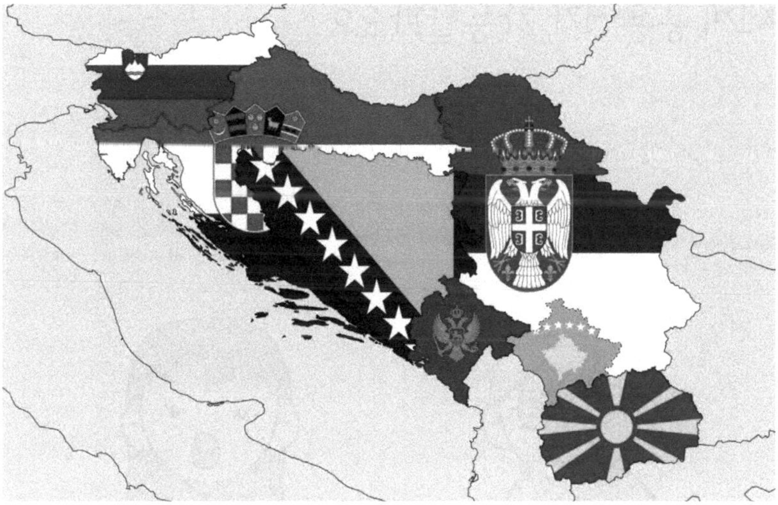

옛 유고 연방 지도

세계 공용어가 가능할까요?

세계 여러 나라의 사람들은 서로 다른 언어를 사용하고 있기 때문에 의사소통을 하는 데 어려움을 겪고 있습니다. 북유럽, 동유럽 등과 같이 비슷한 언어를 가지고 있어서 일부 소통이 가능한 곳도 있지만 어휘나 문법 체계가 전혀 달라서 가까이에 살고 있지만 의사소통이 전혀 안 되는 나라도 많답니다.

사람들은 오랫동안 언어가 달라서 불편을 겪게 되는 문제를 해결하기 위해 새로운 시도를 하게 됩니다. 바로 공용어를 만드는 것이죠. 이 계획을 가장 먼저 드러나게 시도했던 사람이 바로 독일인 성직자 슐라이어였습니다. 그가 만든 언어인 '볼라퓌크'는 대중적인 지지를 얻은 첫 근대적인 세계 공용어였답니다. 1880년에 발표한 이 언어는 초기에 많은 인기를 얻으며 관심을 받았으나 그것을 주도하는 협회 내부의 문제로 인하여 점점 더 사람들의 관심에서 멀어지게 되었습니다. 이후에도 여러 곳에서 인공적으로 만든 언어가 나타나게 되었고, 공용어를 위한 노력이 여러 사람들의 관심을 받게된 사례도 있었습니다. 대표적인 것이 바로 '에스페란토'였습니다. 에스페란토도 인공적으로 만든 언어였는데, 1905년 국제 에스페란토협회가 설립되고, 전 세계 여러 나라에 협회가 있을 만큼 관심을 끌게 되었습니다. 이 언어는 비교적 문법이 단순하였으며, 낱말을 쓸 때에도 소리가 나는 대로 쓰도록 하여 비교적 쉬우면서도 규칙적이었습니다. 에스페란토는 1887년 폴란드의 안과 의사인 자멘호프가 만든 언어로 많은 관심을 받았고, 지금도 사용하는 사람들이 있지만 세계 공용어라는 그의 꿈을 이루는 데에는 부족함이 많았습니다.

세계 공용어에 기울였던 관심과 노력에 비해 여전히 '볼라퓌크'나 '에스페란토' 같은 언어가 널리 사용되지 않는 것은 아마도 영어, 스페인어 등과 같이 세계 여러 나라 사람들이 공용어와 같이 사용하고 있는 언어가 있기 때문입니다. 세계 공용어가 만들어지고 지구에 사는 모든 사람들이 같은 언어를 사용하게 된다면 어떨까요? 먼저 쉽고 빠르게 의사소통을 할 수 있게 되며, 다른 나라의 언어를 배우는 데 시간과 노력을 기울이지 않아도 될 것 같습니다. 그렇지만 언어에 대한 다양성을 연구할 수 있는 영역이 부족하게 되고, 언어를 가르치고 배우는 것을 직업으로 하는 사람들의 수가 줄어들게 될 것만 같습니다.

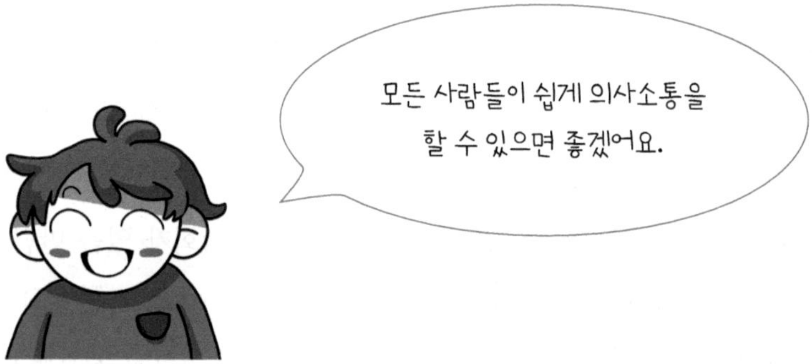

언어에도 규칙이 있을까요?

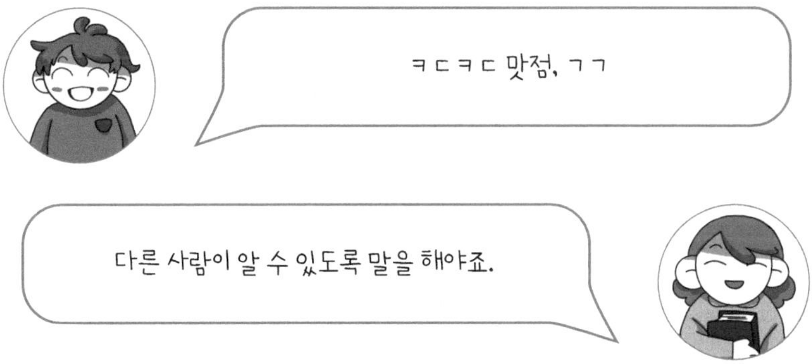

우리가 사용하는 언어에도 규칙이 있답니다. 규칙이란 어떤 것에 대하여 지키기로 약속한 것을 뜻하는 낱말인데요. 언어를 사용할 때에도 서로 지키기로 약속한 규칙이 있답니다. 대표적인 것이 〈한글 맞춤법〉과 〈표준어 규정〉이랍니다. 〈한글 맞춤법〉에는 국어를 한글이라는 문자로 쓰는 데 지켜야 할 규칙들이 담겨 있습니다. 이것은 〈한글마춤법통일안〉이라는 명칭으로 1933년에 처음 제정되었는데요. 이후 여러 번 고쳐지면서 1988년에 문체부 고시 제88-1호(1988.1.19.) 〈한글 맞춤법〉으로 시행되기 시작했답니다. 또 시간이 많이 지남에 따라 최근까지 한글 맞춤법이 수정되어 지금의

〈한글 맞춤법〉으로 자리 잡게 되었는데요. 제1창 총칙에서는 한글 맞춤법에 대한 방향을 제시하고 있답니다.

> **! 제1항 – 한글 맞춤법은 표준어를 소리대로 적되, 어법에 맞도록 함을 원칙으로 한다.**

이처럼 〈한글 맞춤법〉은 표준어를 적는 것을 원칙으로 하고 있어요. 그런데 '소리대로', '어법에 맞도록'이라는 성격이 다른 두 가지 방법이 같이 제시되어 있다는 것을 알 수 있습니다. 이것은 소리대로만 적었을 때 그 뜻을 알기 어려운 경우가 있기 때문입니다.

그래서 실제 발음과 소리가 다를 때는 어법에 맞게 쓰도록 하고 있습니다. 곧 조사와 어미를 구분하여 쓰도록 규칙으로 정하고 있답니다.

실제 발음	표기 방법
떠기	떡이
아피	앞이
먹따	먹다
일꼬	읽고

실제 발음대로 옮겨 쓰면 뜻을 알지 못하는 경우가 생길 수 있기 때문에, '책을 읽다'의 실제 발음은 [채글 익따]이지만 한글로 쓸 때에는 '책을 읽다'로 쓰는 것이에요.

음의 높낮이로 뜻이 달라질까요?

(가) 가가 가가? – 그 아이가 그 아이니?
(나) 가가 가가. – 가서 가져가라.

중국어의 경우에는 성조라고 해서 소리의 높낮이로 낱말의 뜻을 다르게 할 수 있지만 우리나라의 말에는 소리의 높낮이로 뜻을 구별하지는 않습니다. 그렇지만 일부 지역 방언에서는 소리의 높낮이만으로도 낱말이나 문장의 뜻을 다르게 할 수도 있다고 해요. 대표적인 곳이 경상 지역의 방언입니다. 경상도 출신의 친구들에게 문장 (가), (나)의 뜻을 생각해서 말해보라고 하면 실제로 소리의 높낮이가 다르다는 것을 알 수 있답니다. 그리고 같은 발음을 가진 숫자 2와 알파벳 E의 경우에도 쉽게 구분할 수 있다고 합니다. 이 두 가지를 섞은 후에 발음을 해볼까요?

2, E, E, E, 2, 2, 2, E, E, 2, 2, 2, E

그런데 우리가 무엇인가를 묻고 싶을 때 사용하는 말이 있는데 이러한 문장 형식을 의문문이라고 해요. 의문문은 문장의 끝을 올려 말하는 것이 특징인데 이것을 통해서 상대방에서 무엇인가를 묻는 것인지 아니면 요구하는 것인지를 알 수 있답니다.

(다) 집에 가. 밥 먹어.
(라) 집에 가? 밥 먹어?

(다)와 (라)의 차이점을 알 수 있나요? 이처럼 문장에서는 소리의 높낮이가 뜻을 다르게 할 수도 있답니다. 낱말 이상의 단위에서 문장의 뜻을 나타내는 높낮이를 **억양**이라고 한답니다.

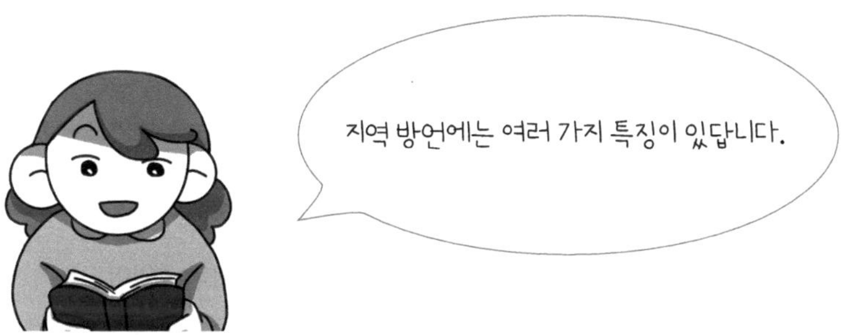

우리나라의 방언은 크게 동부 방언과 서부 방언으로 나눌 수 있습니다. 동부 방언은 다시 동북 방언, 동남 방언으로 나누고, 서부 방언은 서북 방언, 중부 방언, 서남 방언, 제주도 방언으로 나누게

됩니다. **지역 방언**은 대체로 산, 강, 바다 등과 같은 지리적 경계에 따른 언어의 변화 때문에 나타난 것입니다. 오랫동안 각 지역마다 관습적으로 사용해왔던 언어가 자리잡게 된 결과인 것이죠.

정보통신 기술의 발달과 매체의 다양화로 인하여 지역 방언 때문에 의사소통에 어려움을 겪는 사례는 점점 더 줄어들고 있지만 지역 방언은 그 자체로 역사 문화적인 가치를 지니고 있을 뿐만 아니라 지역의 특성을 드러낸다는 점에서 관심을 기울일 필요가 있습니다.

! 방언

방언은 지리적 경계에 의해 발생한 지역 방언과 사회적 경계에 따른 사회 방언으로 나눌 수 있습니다. '방언'이라는 말은 대체로 지역 방언으로 이해하지만, 사회적 현상으로 나타나는 사회 방언도 있습니다.

- 지역 방언: 산, 강, 바다 등의 지리적 경계로 인하여 나타난 언어
- 사회 방언: 성별, 연령, 계층, 인종, 종교 등의 사회적 요인으로 인하여 나타난 언어

좋은 문장 쓰기와 문장부호

문장은 생각이나 느낌을 말이나 글로 표현할 때 완결된 내용을 나타내는 최소의 단위를 뜻합니다. 우리는 언어로 의사소통을 하면서 끊임없이 새로운 문장을 만들어내고 있습니다. 그런데 문자언어로 문장을 나타낼 때에는 음성언어를 사용할 때와는 달리 소리의 높낮이나 길이 등으로 자신의 생각이나 느낌을 생생하게 전달하기가 어렵습니다. 그래서 우리는 문자언어를 사용할 때에 문장부호를 써서 문장의 뜻을 좀 더 쉽게 이해할 수 있도록 나타내고 있습니다.

마침표(.)

풀이하는 말과 같이 일반적으로 문장을 끝낼 때 사용하는 문장부호입니다. 날짜나 글의 순서를 나타내는 문자나 숫자 다음에도 쓸 수 있습니다.

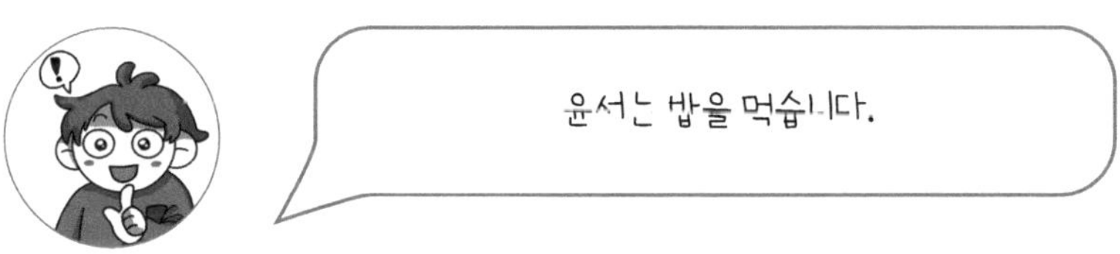

물음표(?)

의문을 나타내는 문장의 끝에 사용하는 문장부호입니다. 모르거나 확실하지 않은 내용을 나타낼 때에도 사용할 수 있습니다.

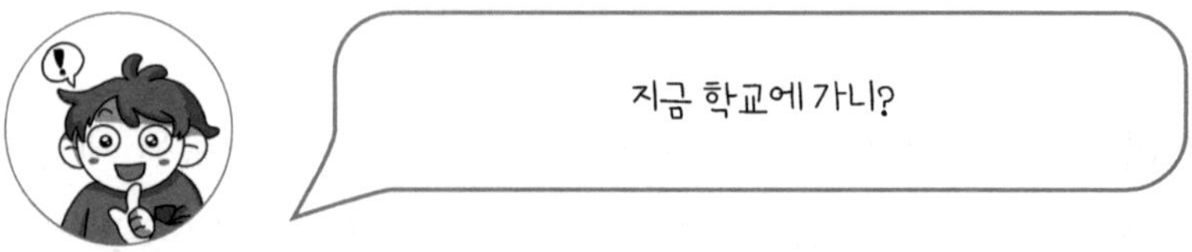

느낌표(!)

감탄하는 말의 끝에 사용하는 문장부호입니다. 감정을 넣어서 대답을 하거나 다른 사람을 부를 때에도 사용할 수 있습니다.

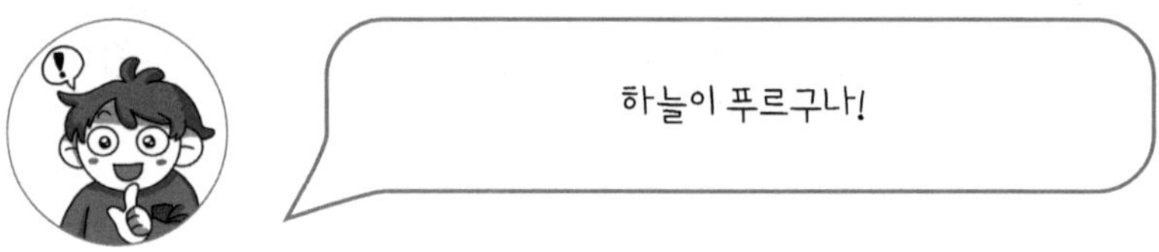

쉼표(,)

이름이나 물건 등을 연속해서 나타낼 때 사용하는 문장부호입니다. 누군가를 부르거나 대답하는 말 뒤에도 사용할 수 있습니다.

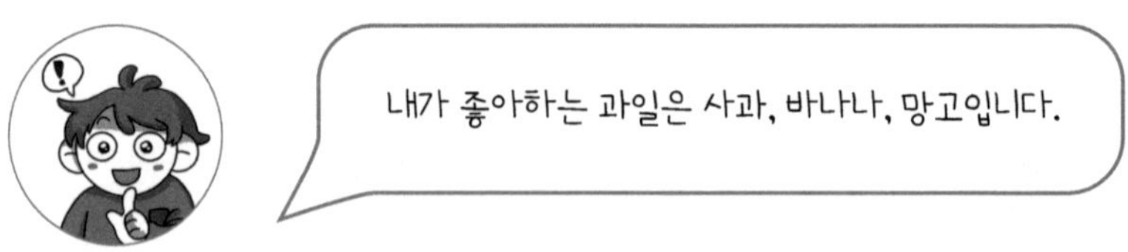

쌍점(:)

어떤 말에 대하여 설명을 덧붙이거나 연극을 위한 희곡에서 대사를 나타낼 때 사용하는 문장부호입니다.

정후: 장난감이 좋아요.

혜성: 저도 장난감이 좋아요.

큰따옴표(" ")

직접적인 대화를 나타낼 때 사용하는 문장부호입니다. 말이나 글을 직접적으로 가져올 때에도 사용할 수 있습니다.

어머니께서 말씀하셨다.

"채원아, 도서관에서 빌리고 싶은 책은 없니?"

작은따옴표(' ')

가져온 말 안에 있는 말을 나타낼 때 사용하는 문장부호입니다. 마음속으로 한 말을 적을 때 사용할 수도 있습니다.

'아는 것이 힘이다.'라는 말이 떠올랐다.

다른 나라에서도 문장의 뜻을 잘 드러내기 위해서 문장부호를 사용하고 있는데요. 나라마다 조금씩 문장부호의 모양이나 사용방법이 다르답니다. 스페인의 경우에는 물음표를 사용할 때 문장의 앞에 뒤집힌 모양의 물음표 '¿'를 사용하고 있고, 독일에서는 숫자의 자릿수를 온점 ' . '으로 사용하기도 한답니다. 그리고 일본은 우리나라와 다른 모양의 쉼표 '、'를 사용하고 있습니다.

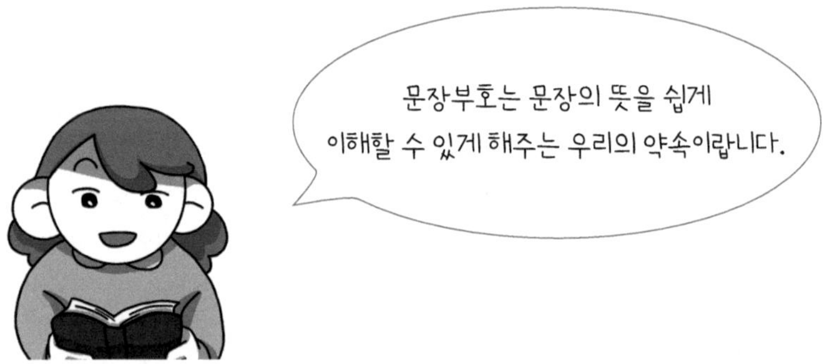

찾아보기